Meditaciones para mujeres que aman demasiado

ROBIN NORWOOD

Meditaciones para mujeres que aman demasiado

VERGARA
GRUPO ZETA **z**

Barcelona • Bogotá • Buenos Aires • Caracas • Madrid • México D.F. • Montevideo • Quito • Santiago de Chile

Título original: *Daily Meditations for Women Who Love Too Much*
Traducción: Lidia Lavedan
1.ª edición: mayo 2005

© 1997 by Robin Norwood All Rights Reserved
Art copyright © 1997 by Richard Torregrosso
© Ediciones B, S.A., 2004
  para el sello Javier Vergara Editor
  Bailén, 84 - 08009 Barcelona (España)
  www.edicionesb.com
  www.edicionesb-america.com

Publicado por acuerdo con SUSAN SCHULMAN, A LITERARY
AGENCY, New York USA

ISBN: 84-666-1971-2

Impreso por Imprelibros, S.A.

Advertencia del editor

Este libro ha sido concebido por la autora como un conjunto de reflexiones diarias destinadas a las mujeres que se hallan atrapadas en una relación de pareja que las hace sufrir. En su libro *Las mujeres que aman demasiado*, Robin Norwood definió estas relaciones como una verdadera adicción. La mujer que «ama demasiado» está unida a un hombre desconsiderado, indiferente, desvalorizador, grosero e incluso agresivo, en una relación que le produce un sufrimiento intenso y continuo. La mujer se esfuerza por conseguir que él cambie, y a menudo se culpa a sí misma por la situación, intentando justificar las actitudes del hombre con el que convive, apoyándolo y perdonándolo. Es posible que desee romper la relación, pero se lo impiden la esperanza de que la situación mejore, así como el temor a quedar sola o a la reacción del hombre. Sin embargo, y desgraciadamente, en ciertos casos la hostilidad y agresividad del hombre desbordan todos los límites. La mujer que es víctima de la violencia verbal —amenazas más o menos veladas, e insultos— y la violencia física necesita mucho más que leer un libro y seguir sus instrucciones y sugerencias para salir de esa verdadera y cruel prisión. Por bueno que sea el libro. Por este motivo, recomendamos a las mujeres que estén sufriendo este tipo de maltratos que antes que nada reconozcan la gravedad de su situación y denuncien al maltratador ante las autoridades policiales. Paralelamente, podrán recurrir a especialistas e instituciones en busca de apoyo material y psicológico. Existen profesionales cuyo trabajo consiste en atenderlas en centros especializados, asociaciones de ayuda a mujeres maltratadas, e incluso las iglesias, los hospitales y la policía de muchas ciudades de España y América Latina cuentan con servicios destinados a tal fin. También pueden recurrir a un médico o psicólogo de su localidad, que posiblemente podrá ofrecerles orientación.

Querida lectora: si ése es tu caso, no lo dudes. Ningún libro será suficiente para ayudarte si no tomas ahora mismo medidas para salir de la terrible trampa en la que te encuentras. Es tu vida la que está en juego.

A Barb A.,
que plantó la semilla

Introducción

La idea de este libro surgió durante la conversación mantenida con una mujer a la que le había resultado muy valiosa la lectura de *Las mujeres que aman demasiado*. Ella me comentó que en la etapa en que luchó por recuperarse de una vieja pauta de relaciones adictivas, le habría resultado muy útil un libro de meditaciones diarias.

Ahora tienes en tus manos el resultado de esa sugerencia: un manual de primeros auxilios que te ayudará a conservar la cordura, la serenidad y el sentido del humor mientras desarrollas un enfoque más saludable de la vida y el amor.

En su mayor parte, los pensamientos de cada página son breves y concretos, dosis necesariamente pequeñas de una nueva forma de pensar que coincide con los pasos necesariamente pequeños que damos para cambiar el rumbo de nuestra vida.

ROBIN NORWOOD
Santa Barbara, marzo de 1997

$\mathcal{C}$uando amar significa sufrir, estamos amando demasiado.

Amar se convierte en amar demasiado
cuando tu pareja es inadecuada, indiferente
o inaccesible, y aun así no puedes dejarla...
es más, la quieres y la necesitas cada
vez más.

A todos nos puede suceder que *elijamos* mal alguna que otra vez a lo largo de nuestra vida amorosa. Pero no es menos cierto que también existe la adicción a una relación afectiva.

Cada vez que nos proponemos solucionar el problema del otro a toda costa, estamos amando demasiado.

Cuando las mujeres amamos demasiado,
nos conducimos como si el amor,
la atención y la aprobación carecieran
de importancia, a menos que logremos
obtenerlos de hombres que, a causa de sus
problemas y preocupaciones, son incapaces
de brindárnoslos por su propia voluntad.

Al igual que esas personas que comen compulsivamente, quienes amamos demasiado debemos aprender a hacer de manera sana y equilibrada lo que en otro tiempo hicimos obsesivamente. Dado que tanto comer como relacionarse son aspectos necesarios de una vida normal, no existe una clara definición para calificar lo que es una conducta sobria.

Por lo tanto, la recuperación no es una cuestión que se plantee en blanco y negro, sino que debe evaluarse en relación con nuestra anterior conducta y estado.

Para comenzar, debemos lograr *desear* canalizar toda la energía y el esfuerzo que antes dedicamos a intentar cambiar al otro hacia el objetivo de cambiarnos nosotras mismas.

Por tu propio bien es necesario que te recuperes de amar demasiado; pero cuando dejas de sufrir, tu recuperación puede ser tan atractiva para los demás, que los estimule a emprender el camino de su propia recuperación.

La recuperación puede ser tan contagiosa como la adicción.

Si queremos dejar de amar demasiado, primero debemos cambiar nuestra forma de actuar, luego la de pensar, y finalmente la de sentir.

Si esperamos hasta sentirnos diferentes antes de conducirnos de forma diferente, jamás cambiaremos, jamás nos recuperaremos.

Ninguna de nosotras ha inventado una nueva clase de terrible secreto o de terrible pérdida. Los secretos que guardamos, y que creemos únicos, nos impiden la recuperación.

Recurrir a anécdotas de nuestra infancia como *excusa* para explicar cualquiera de nuestras actuales conductas, actitudes o características poco sanas es un irresponsable acto de autoindulgencia.

Las circunstancias difíciles y los desgraciados efectos de esos años de infancia nos ofrecen *pistas* acerca de lo que estamos destinados a vivir, superar, comprender y perdonar.

El dolor es el más sabio de los maestros que llaman a nuestra puerta.

No es posible utilizar la *autoayuda* para resolver un problema si nuestro *yo* aún está sufriendo.

Lo que hace falta es más ayuda espiritual que autoayuda, una invocación a la voluntad de Dios más que insistir en la propia omnipotencia.

Nadie puede evitar que realicemos la tarea que nuestra alma nos impone.
Los problemas comienzan cuando tratamos de eludir o postergar esa tarea.

Es posible que en nuestra infancia se nos haya enseñado que rezar nuestras oraciones demuestra nuestra devoción a Dios, y que si él está convencido de nuestra sinceridad, nuestros ruegos serán escuchados.

A pesar de que ya somos adultos, cuando pensamos acerca de la oración solemos hacerlo con la misma actitud.

Pero la oración no es el camino para apaciguar a Dios ni para acceder a su benevolencia para conseguir lo que deseamos. Él no necesita nuestras oraciones, ni se muestra enfadado o desilusionado si no rezamos. No estamos obligados a rezar. La decisión es completamente nuestra. Cuando rezamos, nos sumimos en lo más profundo de un amor, una sabiduría, una guía y una comprensión mucho más grandes que los que pueden producir nuestras personalidades.

Cuando rezamos, recibimos ayuda de un poder que puede hacer por nosotros aquello que no podríamos hacer por nuestros propios medios.

Cuando rezamos, si al hacerlo sincronizamos nuestra voluntad con la que ese poder superior tiene para nosotros, nuestras vidas se tornan más manejables y accedemos a una mayor libertad, una mayor serenidad y una mayor paz.

No hay terreno más resbaladizo para mujeres alcohólicas en recuperación que el de las relaciones afectivas.

Son muchas las alcohólicas sobrias que han sufrido una recaída por causa de un hombre.

También es posible amar demasiado a los niños.

Cuando un padre o una madre sobreprotege a su hijo, ese niño se ve abrumado al hacerse cargo de la responsabilidad del bienestar de su progenitor.

A veces lamentamos que alguien se marche, o que cambien las circunstancias o se modifiquen las cosas de una manera a la que jamás habríamos accedido voluntariamente, porque todavía no alcanzamos a ver el inmenso bien que ello implica.

Una de las tareas más difíciles que debes afrontar en tu recuperación es aprender a no decir ni hacer *nada*.

Cuando la vida se vuelve inmanejable, cuando todo en ti clama por hacerte cargo de él, por aconsejarlo y alentarlo, cuando te sientes tentada a manipular la situación de cualquier manera, debes aprender a permanecer tranquila, a respetar a la otra persona lo suficiente como para permitir que esa sea *su* lucha, no la tuya.

La verdadera tarea reside en el hecho de afrontar tus propios miedos, teniendo en cuenta lo que podría llegar a ocurrirle a él y a vuestra relación si dejas de manejar todo, y luego te abocas al esfuerzo de eliminar tus miedos antes que a manipularlo a él.

Algunas relaciones afectivas muy adictivas pertenecen a parejas del mismo sexo.

Como mujeres que amamos demasiado, bien puede ser que disfrutemos de nuestros roles de coprotagonistas en los dramas y melodramas recurrentes que componen nuestras vidas.

La convicción de que hemos padecido la infancia *más triste*, la pareja *más peligrosa* o la experiencia *más conmovedora* puede convertirse en nuestra manera de sentirnos importantes o de atraer la atención de los demás. En comparación, la recuperación puede vivirse como algo desabrido.

Cuando dejamos de amar demasiado, nuestros problemas de relación no se solucionan automáticamente; pero *conseguimos quitarnos de delante un enorme impedimento* para así poder hacer frente a los problemas normales de forma más sana y eficaz.

Nuestro impulso inicial debería ser el de *proteger nuestra propia serenidad y bienestar* antes que el de encontrar al hombre indicado. Entonces, y sólo entonces, seremos capaces de comenzar a elegir una pareja que pueda preocuparse por nosotras de manera total, porque *cuanto más hagamos por sanar nuestras heridas* y cuanto menos necesitemos una pareja, tanto mejor podremos elegir a alguien que no esté él mismo tan herido o necesitado.

Nuestras necesidades pueden ser cubiertas de muchas maneras si abandonamos nuestra omnipotencia, nuestra autocompasión y la idea de que podríamos obtener todo nuestro bienestar de una determinada fuente, tal como un hombre.

Una de las características principales del amar demasiado es una tremenda dependencia, a menudo oculta tras una aparente fortaleza.

Cuando alguien que tú amas tiene un problema, pregúntate: «¿De quién es este problema?».

Tu problema no es que alguien que tú amas tenga un problema, sino tus *sentimientos* cuando observas el conflicto de esa persona. Tal vez sea necesario que dejes de observar, salvo que puedas dejar de intentar solucionarlo.

Cuando comienzas a dejar de intentar controlar a los demás, es posible que psicológicamente te sientas como si estuvieras cayendo por un precipicio.

Cuando dejas a los otros en libertad, la sensación de perder el control sobre ti misma puede llegar a ser alarmante.

Éste es el momento en que tu preparación espiritual puede ser una verdadera ayuda ya que, en lugar de hundirte en el vacío, puedes dejar el control sobre ti y sobre aquellos que amas en manos de Dios.

A causa de que las adictas a una relación afectiva necesitan que se las necesite, se puede llegar a sabotear el crecimiento de los otros. Es lo que ocurre cuando se hacen cargo, justamente, de la responsabilidad de hacer que los demás crezcan.

Recuerda: el camino del otro está en manos de Dios, tal como lo está el tuyo.

Gran parte de la locura y desesperación
que experimentas proviene directamente
del intento de manejar y controlar lo que
no puedes: a él y a su vida. Piensa en todos
los intentos que has llevado a cabo: los
sermones interminables, las súplicas, las
amenazas, los sobornos, incluso hasta la
violencia. Y también recuerda cómo te
sentiste después de cada intento fallido.
Tu autoestima tropezó contra un nuevo
escollo, y te volviste más ansiosa, más
impotente, más dominada por la ira.

La única manera de salir de esto es
abandonar el intento, porque es casi
imposible que él cambie bajo tus presiones.
Aunque finalmente consigas oírle decir que
tú eres la causa de que abandone ciertas
conductas, más adelante descubrirás que
también eres la causa de que las reanude.

Para muchas de nosotras, la clave de la recuperación es aprender a hacer lo contrario de lo que hemos hecho siempre.

Aprende a vivir sin tener tu atención
centrada en un hombre, considerándolo
como tu problema, o bien como la solución
a tu problema.

La mejor preparación para tu futuro
consiste en desarrollar mayor comprensión
y tolerancia hacia ti misma y hacia todas
aquellas personas que han pasado por tu
vida.

Cometemos un gran error cuando demandamos a un Poder Superior ayuda para obtener un hombre determinado, objetos materiales o resultados concretos, ya que jamás podemos saber tan bien como él lo que verdaderamente es lo mejor para nosotras.

Lo que podríamos pedirle es que nos guíe en nuestro crecimiento espiritual, en lugar de insistir en nuestras demandas relativas a tal o cual cosa, hecho o persona concreta.

Cuando dialogas con alguien de quien esperas una respuesta determinada, en realidad no estás dialogando: estás rogando, tal vez con enfado.

Cuanto más requieras una reacción concreta de parte de alguien, tanto más depende tu bienestar de esa persona, y más probabilidades tienes de chocar contra su defensa y su resistencia.

Ruega para tener la voluntad, la fortaleza y el coraje necesarios para examinar tu pasado con sinceridad, y el papel que desempeñaste en él.

Cuando elevamos nuestras plegarias, nuestra psiquis las oye y reacciona cooperando con nuestros esfuerzos por hacer una «limpieza» y permitiendo así sacar a la luz el dolor sufrido en el pasado para que pueda ser eliminado conscientemente.

Tan pronto como nuestra voluntad de perdonar y perdonarnos se manifiesta como verdaderamente genuina, irrumpe en nosotros la comprensión y el dolor de ese pasado desaparece.

La recuperación de haber amado
demasiado implica un trabajo espiritual
sumamente exigente que nos demanda
dejar de lado antiguos, y a menudo
secretamente disfrutados, enojos
y terquedades.

A medida que intentamos aprender las lecciones de la vida para ir acercándonos a la perfección, elegimos las oportunidades que nos brinda la vida para hacerlo. Por esta razón, no encontrarás jamás ninguna enseñanza espiritual que sostenga que la culpa de tu estado actual la tiene otra persona.

Cuando dejas de hacerte cargo de él y comienzas a hacerte cargo de ti misma, el hombre de tu vida se enfada, y te acusa de que ya no te preocupas más por él. Este enfado proviene del pánico que le genera el darse cuenta de que deberá hacerse responsable de su propia vida.

En tanto pueda pelear contigo, hacerte promesas o tratar de imponerse sobre ti, su lucha está puesta en el exterior, contigo, y no dentro de sí mismo.

Devuélvele su vida, y recupera la tuya.

A veces ocurre que las adictas a las relaciones afectivas prefieren relaciones fantasiosas antes que relacionarse con verdaderos y auténticos seres humanos.

La elección de personas inaccesibles es una buena manera de evitar la prueba de la intimidad.

El fastidio y el odio hacia otra persona nos atan a ella con lazos de hierro.

A menos que logremos perdonar, volveremos a caer en esa relación, o entraremos en otras similares, y repetiremos nuestro drama una y otra vez.

Pero mediante el perdón y la petición de perdón, liberamos al otro y nos liberamos a nosotras mismas.

Si la lección que has aprendido indica perdonar, primero debes experimentar lo imperdonable. De otra manera, ¿cuál sería la lección?

Bendice y perdona. Al menos dentro de tu corazón, *pide perdón* a todos los hombres (y también a las mujeres) con los que hayas peleado y luchado en el pasado.

Cuando *perdonamos*, cambiamos el *mal* por el *bien*, y la lección está terminada.

Cuando una mujer que ama demasiado abandona su cruzada para cambiar al hombre de su vida, él se queda solo para reflexionar acerca de las consecuencias de su propio comportamiento.

Dado que ella ya no se siente frustrada o infeliz, y en cambio se muestra cada vez más interesada por la vida, el contraste con la existencia atribulada de él se intensifica.

Sin que importe cuál sea la decisión que él elija tomar, al aceptarlo tal cual es cuando una mujer se vuelve libre, de una manera u otra, para vivir su propia vida de ahí en adelante.

Perdonar no significa permitir que se nos vuelva a lastimar; significa, entre otras cosas, hacernos a un lado para que las acciones del otro no nos afecten tan personalmente.

Lejos de convertirnos en personas más débiles que pueden ser avasalladas por los demás, el perdón nos libera, para que nunca volvamos a permitir que se nos trate mal.

Todas las enfermedades adictivas, incluso la de amar demasiado, llevan implícitas la violación de nuestra propia escala de valores, y la incapacidad de detenerse o de cambiar a través del propio esfuerzo.

Para superarlas debemos abandonar la omnipotencia, invocar a Dios y buscar ayuda.

Las mujeres que amamos demasiado somos adictas a las relaciones afectivas, a los hombres problemáticos, con todo el sufrimiento, el miedo y la ansiedad que ello implica. Y si esto no fuera de por sí suficientemente malo, es posible que los hombres no sean lo único a lo que estamos atadas.

No todas las mujeres que aman demasiado también comen demasiado, o beben o se drogan, pero para aquellas que sí lo hacen la recuperación de la adicción a la relación afectiva debe ir acompañada por el abandono de aquella sustancia de la cual se abusa.

La dependencia física de alguna sustancia se exacerba por el estrés que produce una relación enfermiza, y la dependencia emocional de una relación se intensifica con los sentimientos caóticos engendrados por la adicción física.

Solemos vivir sin un hombre, o estar junto al hombre equivocado, para explicar y justificar nuestra adicción física. Por otro lado, el uso continuado de sustancias adictivas nos permite tolerar una relación enfermiza entumeciendo nuestro dolor y robándonos la motivación necesaria para cambiar.

Culpamos a la una de la otra. Usamos la una para enfrentarnos con la otra. Y cada vez estamos más enganchadas a ambas.

Nuestra vida es un constante aprendizaje. No olvides agradecer a todas las personas que fueron tus maestros.

Muchas mujeres cometen el error de buscar a un hombre con quien llevar adelante una relación sin antes haber desarrollado una relación sana consigo mismas; van de hombre en hombre, buscando aquello de lo cual carecen.

La búsqueda debe comenzar en su propio interior. Nadie puede amarnos lo suficiente como para colmarnos si no nos amamos a nosotras mismas, porque cuando buscamos el amor desde nuestro propio vacío interior, lo único que podemos hallar es más vacío.

Si el camino que debemos recorrer para superar nuestra adicción nos acerca a Dios, debemos sentirnos agradecidas.

El programa de los doce pasos puede
constituir la herramienta primaria para
recuperarnos de las adicciones, incluso
la adicción a una relación afectiva.
El asesoramiento puede servirnos
como ayuda, pero lo fundamental es
comprometernos con el programa.

Por regla general, cuanto más difícil es para ti terminar con una relación que te hace mal, tantos más elementos de tus problemas de infancia contiene.

Cuando amas demasiado, es muy probable que estés tratando de superar antiguos miedos, enfados, frustraciones y sufrimiento padecidos en la infancia, y dejar de hacerlo parecería ser el equivalente a perder una preciosa oportunidad para obtener lo que faltaba en tu vida, o para rectificar todas aquellas cosas en las que te has equivocado.

No obstante, a menos que cambies tus formas de relacionarte con los demás, ten la seguridad de que tus años adultos estarán tan llenos de dolor como lo estuvieron los infantiles... y no te olvides de que la adultez es mucho más prolongada.

La posibilidad de contraer sida en alguno de los contactos sexuales que forman parte de la búsqueda desesperada del «hombre adecuado» imprime una nota dramática a la amenaza para la vida que representa de por sí la adicción a una relación afectiva.

El afán por poseer el control aparece a menudo en mujeres que forman pareja con hombres mucho más jóvenes que ellas, así como en hombres que se unen a mujeres mucho más jóvenes que ellos.

No es fácil encontrar modelos de personas que se relacionan entre sí como pares, de manera perfectamente sana, honesta, por completo exenta de actitudes manipuladoras ni explotadoras, y es posible que esto se deba a dos razones: la primera es que, para decirlo con franqueza, en la vida real semejantes relaciones son muy poco frecuentes.

La segunda es que, dado que la calidad del intercambio emocional sano es a menudo bastante sutil frente a la estridencia del conflicto de una relación enfermiza, por lo general su potencial dramático habitualmente se pasa por alto en la literatura, el teatro y las canciones.

Si las relaciones enfermizas nos invaden, quizá se deba a que sean, en parte, lo único que vemos y lo único que conocemos.

Ninguna relación puede evitarte el dolor de tu propia historia. Hasta que no atravieses y dejes atrás tu dolor, te limitarás a repetirla.

Es ingenuo y presuntuoso a la vez indicarle a un hombre lo que debería hacer para poder estar junto a ti. Él es como es. ¿Estás decidida a aceptarlo?

El acto sexual, cuando es muy gratificante desde el punto de vista físico, tiene la capacidad de crear vínculos profundamente sentidos entre dos personas. Para las mujeres que amamos demasiado, en particular, la intensidad de nuestra lucha con un hombre puede contribuir a la intensidad de nuestra experiencia sexual compartida con él y, por lo tanto, a la del vínculo que nos une a él. Y lo contrario también es verdad. Cuando tenemos una relación con un hombre que no es demasiado estimulante, el aspecto sexual puede carecer de fuego y pasión. Debido a que no nos sentimos constantemente excitadas por él, ni el sexo es utilizado para probar nada, una relación más fácil de llevar y más relajada puede parecernos poco atrayente. Comparada con el estilo tempestuoso de relación que hemos conocido, esta clase de experiencia más tranquila puede reforzar nuestra creencia de que las tensiones, las luchas, el dolor del alma y el drama realmente equivalen al «verdadero» amor.

*E*xiste un principio espiritual que afirma que seguiremos encontrándonos con otros que representarán para nosotras la posibilidad de aprender nuestras lecciones más acuciantes.

Cuando hayamos vencido el problema *dentro de nosotras mismas*, nuestros «maestros» desaparecerán.

Cuando damos por finalizada *nuestra* mitad de la batalla, esa batalla ha terminado.

La sensación que a menudo experimentamos las mujeres que amamos demasiado cuando nos encontramos con hombres «buenos» es la de aburrimiento: no repican las campanas, no estallan cohetes, no caen estrellas del cielo.

Ante la ausencia de excitación nos sentimos desasosegadas, irritables y molestas, en un estado de incomodidad general que clasificamos bajo el rótulo de *aburrimiento*.

Nuestras habilidades para relacionarnos con los hombres están desarrolladas para el desafío, no para disfrutar simplemente de la compañía de un hombre.

En consecuencia, un hombre sólido, fiable, jovial y estable nos produce mucho menos interés que el que sentimos ante hombres irresponsables, emocionalmente distantes, inaccesibles o indiferentes.

Recuerda que gran parte de los adictos, cualquiera que sea su adicción, no se recuperan. Muchos son los que mueren a causa de ella.

Trata de tomar tu adicción con la misma seriedad con que tomarías un cáncer. Alimenta la voluntad de ir tan lejos como sea necesario para recuperarte.

Cuando aceptamos aquello que no podemos cambiar, y cambiamos lo que sí podemos, creamos a nuestro alrededor un clima sanador.

Para dejar de amar demasiado, debes dejar a un lado tu fantasía de ser la que va a marcar la diferencia en la vida de este hombre.

Esa es *tu* necesidad, y no es saludable.

El sexo es una de las armas que aquellas que amamos demasiado utilizamos para manipular o intentar modificar a nuestras parejas. Nos conducimos de manera seductora para obtener lo que queremos, y nos sentimos estupendamente bien cuando funciona. Cuando no funciona, además de sentirnos terriblemente mal, nos esforzamos más y más en la misma dirección.

Con frecuencia se nos antoja muy excitante enzarzarnos en las luchas por el poder que implican nuestros intentos de manipular a los hombres de nuestra vida. Confundimos ansiedad, miedo y dolor con excitación sexual. Llamamos «amor» a la sensación de tener un nudo en el estómago.

Nunca profieras amenazas que no estés dispuesta a cumplir. En realidad, lo mejor es que no profieras amenazas de ninguna clase.

A muchas de nosotras se nos inculcó que una buena relación sexual es sinónimo de verdadero amor y que, por lo contrario, el sexo no podría ser realmente satisfactorio si la relación de pareja, en su totalidad, no fuera la adecuada para nosotras.

Nada más lejos de la verdad para las mujeres que amamos demasiado. A causa de la dinámica que opera en todos niveles en nuestra interacción con los hombres, incluido el sexual, una relación conflictiva o imposible puede llegar a contribuir a que el sexo sea excitante, apasionante e irresistible.

Cuando nos sentimos responsables del comportamiento del otro, y no podemos tolerar la culpa y la angustia, necesitamos que nos ayuden a manejar *nuestros propios sentimientos desagradables*, no a manejar la vida de esa persona.

Es posible que experimentemos dificultades al tratar de explicar a familiares y amigos cómo es posible que alguien que no es particularmente admirable, ni siquiera amable, puede sin embargo despertar en nosotras un alto grado de emoción y expectativa, y un intenso deseo, jamás igualado a lo que podamos sentir por alguien más bondadoso o más presentable.

Es difícil explicar que estamos fascinadas por la fantasía de sacar a la luz todas las cualidades positivas —amor, interés, devoción, integridad y nobleza—, que tenemos la seguridad de que yacen ocultas en el interior de nuestro amante, esperando el calor de nuestro amor para florecer.

¿Cómo explicar que lo que hallamos tan atractivo no es la persona *que es*, sino aquella en que, estamos convencidas, va a *convertirse*? ¿Cómo admitir ante nosotras mismas, o ante los demás, que estamos enamoradas de alguien que aún no existe, y que estamos fascinadas con nuestro poder para hacerlo aparecer?

La mejor de las reglas de oro para tratar con personas cuyas vidas nos vemos tentadas a intentar manejar, es evitar escrupulosamente hacer por ellas aquello que podrían hacer por sí mismas, *si así lo eligieran.*

Las mujeres que amamos demasiado a menudo nos decimos que el hombre con el que estamos saliendo no ha sido nunca realmente amado, ni por sus padres ni por sus anteriores esposas o novias.

Lo vemos como una víctima, y prestamente nos abocamos a la tarea de reparar todo lo que le ha faltado en la vida antes de que nos conociera.

Interpretamos su lejanía emocional, su malhumor o depresión, su crueldad, su indiferencia, su violencia, su deshonestidad o su adicción como signos de que no ha sido lo suficientemente amado.

Compadecemos a nuestro amor por sus defectos, sus fracasos, incluso por sus patologías.

Estamos decididas a rescatarlo mediante el poder de nuestro amor.

Nunca es demasiado tarde para sanarnos a nosotras mismas y a nuestras relaciones, incluso con gente que ya no está viva. Las almas de las personas permanecen, y su recuerdo en nosotros, y responden a los cambios de nuestro corazón.

Todo cuanto realmente sabemos acerca de la paternidad es lo que experimentamos de niños con nuestros propios padres... y lo que muchos de nosotros aprendimos de ellos se relaciona más con lo que *no* se debe hacer que con pautas que sirvan como modelo para ser mejores padres.

Es preciso que agradezcamos todo lo que recibimos de ellos, tanto lo positivo como lo negativo, ya que *todo* ha contribuido, de una manera u otra, a nuestros propios esfuerzos conscientes por llevar adelante la difícil tarea de amar.

Lo que llevamos oculto en nuestro
interior es prácticamente universal. Todos
podemos tener secretos que necesitan ser
ventilados y cicatrizados, y al enfrentarnos
con los nuestros, contribuimos a crear
un clima en el cual otros pueden hacer
lo mismo. Al trabajar en nuestra
propia recuperación, colaboramos en
la recuperación de los que nos rodean.

La información por sí misma, sin importar cuán alarmante pueda ser, no alcanza para cortar con una adicción.

Las enfermedades adictivas, contrariamente a lo que sucede con otras enfermedades, afectan a quien las padece en *todas* sus dimensiones: la emocional, la espiritual y, por supuesto, la física.

Con respecto a la mujer adicta a una relación afectiva, no es sólo su relación de pareja la que se ve afectada. Sus relaciones con amigos, familiares, compañeros de trabajo e hijos se ven afectadas por su obsesión con un hombre. Su salud se ve deteriorada por el estrés prolongado que produce una relación conflictiva, y su contacto con su dimensión espiritual se ve disminuido.

Sigue intentando con todas tus fuerzas ayudar a un hombre, y te encontrarás un día contigo misma haciendo el papel de «madre regañona» con su «niño malo».

Muy pocas entre nosotras, las mujeres que amamos demasiado, tenemos en lo profundo de nuestro ser la convicción de que merecemos amar y ser amadas sencillamente porque existimos.

En cambio, creemos que ocultamos terribles culpas y defectos, y que debemos realizar buenas acciones para repararlos.

Vivimos con la culpa de cargar con estas faltas, y con el terror a ser descubiertas.

Nos esmeramos con gran esfuerzo en demostrar que somos buenas porque no creemos que lo seamos.

En la adicción a una relación afectiva coexisten el miedo subyacente a la intimidad con un igual miedo al abandono.

Muchas mujeres que aman demasiado también comen demasiado o gastan demasiado.

Las adicciones no son entidades aisladas: se superponen unas con otras sobre las mismas raíces físicas y emocionales. Inclusive, la recuperación de una adicción puede causar la aceleración de alguna otra.

Afortunadamente, los pasos para la recuperación son aplicables a todas las adicciones.

Las mujeres provenientes de un hogar violento suelen elegir parejas violentas. De la misma manera, aquellas que crecieron junto al alcoholismo suelen elegir parejas químicamente dependientes.

Una de las dinámicas que se encuentran siempre presentes en una relación adictiva es el impulso de recrear la lucha del pasado y, esta vez, *ganar*.

Una voluntad de hierro, operando
en relaciones interpersonales, puede
disimularse asumiendo alternativamente
el papel de colaborador y el de víctima.

Hasta que no comprendamos desde lo más profundo de nuestro ser que un hombre u otro jamás serán la solución a nuestros problemas, seremos prisioneras de nuestras propias pautas de relación adictiva.

Toda mujer que ama demasiado puede abandonar su conducta obsesiva por un tiempo, pero el continuo control de la voluntad es una ilusión fatal: la verdadera recuperación sobreviene tan sólo cuando se corta con la adicción.

En lo referente a aquellas relaciones ineludibles —con nuestros padres, madres y el resto de la familia—, los conflictos son la norma, no un accidente.

Las dificultades que nuestros padres y otros miembros de la familia representan para nosotros son oportunidades para mejorar nuestras personalidades.

A través de la fricción generada por estas relaciones inevitables, muchos de nuestros defectos de carácter más profundos terminan moderándose con el tiempo.

Debemos abandonar el papel que hemos desempeñado durante tanto tiempo, y a veces nos ha resultado cómodo: el de víctima, el de mártir, el de salvadora o de santurrona vengadora, o quizá todos ellos, cada uno en su momento.

Hay un antiguo chiste acerca de un hombre, muy corto de vista, que ha perdido sus llaves en la noche y las está buscando a la luz de un farol de la calle. Se le acerca otra persona, y le ofrece ayuda, pero antes le pregunta: «¿Está seguro de haberlas perdido por aquí?». El otro le responde: «No, pero es aquí donde hay luz».

¿Estás, acaso, como el hombre del cuento, buscando lo que falta en tu vida no donde existe la esperanza de encontrarlo sino, ya que eres una mujer que ama demasiado, donde resulta más fácil para ti?

Ningún hombre será el «adecuado» hasta que no hayamos enfrentado aquello que yace en nuestro interior, que nos ha arrastrado hacia una batalla de voluntades que debíamos ganar o perder, y luego ha señalado con el dedo a otro para culparlo de nuestros problemas.

Vaya ironía la de que algunas de nosotras quieran viajar hacia atrás y hacia adelante en el tiempo, y desde un extremo al otro del globo, en busca de la luz que ilumine nuestro espíritu, cuando la tarea que debe emprender nuestra alma está directamente frente a nosotras.

Nada está destinado a permanecer inmutable. Si no avanzamos, caemos en la decadencia.

Cuando tiene lugar un hecho emocionalmente doloroso, y nos decimos que ha sido por culpa nuestra, lo que en realidad estamos diciendo es que tenemos el control de la situación: si cambiamos, el dolor cesará.

Esta mecánica está detrás de mucha de la culpa que nos autoadjudicamos gran cantidad de mujeres que amamos demasiado. Al culparnos a nosotras mismas, nos aferramos a la esperanza de que seremos capaces de descubrir qué estamos haciendo mal para luego corregirlo, y por lo tanto controlar la situación y eliminar el dolor.

La verdadera tarea consiste en enfrentarse a la situación, aceptar que es dolorosa y abandonar la *ilusión* del control.

No establecemos relaciones significativas por mero accidente. Somos inexorablemente atraídas hacia parejas que nos ofrecen la posibilidad de aprender nuestras lecciones personales e interpersonales más importantes.

Admitir que no somos víctimas, e intentar comprender las razones de nuestras elecciones, hará que los desafíos que nos presenta ese amor aceleren el aprendizaje de dichas lecciones.

A medida que avanzamos hacia la recuperación de haber amado demasiado, *ninguno* de los pasos que damos es insignificante, porque cada uno cambia el rumbo de nuestras vidas.

Es preciso que recordemos que la vida en este mundo es un aula, y que a medida que se avanza a través del ciclo escolar, las tareas se vuelven más complicadas.

Cada uno de los grados en esta escuela de la vida es necesario para nuestro desarrollo final. Cada uno de ellos es un desafío cuando nos encontramos en ese nivel, pero tan pronto lo hemos superado debemos avanzar hacia el siguiente. Cuando superamos el segundo grado no deseamos quedarnos en él para siempre, sino que nos lanzamos ansiosamente hacia nuestro curso siguiente.

De manera que si tu vida se te aparece como algo muy difícil, trata de recordar que los desafíos del presente señalan no sólo todo lo que aún debes aprender, sino hasta dónde has llegado, y cuánto has aprendido. Aprender a no amar demasiado es una lección más compleja que, por ejemplo, la de que no debemos robar.

Dado que la naturaleza parece aborrecer el vacío tanto en la física como en el terreno de las conductas humanas y las emociones, no podemos simplemente dejar de amar demasiado sin sustituir ese comportamiento por otro que ocupe su lugar. Tratemos de que sea positivo.

Cuanto más amorosa y generosamente nos tratemos A NOSOTRAS MISMAS, menos probable es que permitamos que alguien *nos trate mal.*

Si, por desgracia, te empeñas en rescatar a la gente que amas del sufrimiento derivado de su conducta adictiva, reflexiona acerca de esta pregunta:

¿Quién podría haberme rescatado a mí?

Probablemente hayan sido muchos los que lo intentaron: amigas, tu madre, una hermana o hermano, tal vez incluso tus hijos... y, casi con seguridad, todos sus sinceros esfuerzos sólo provocaron que te hundieras más profundamente.

Aprende a respetar el proceso de transformación que tiene lugar en aquellos que amas... y a no interferir.

Tenemos la capacidad de brindarnos a
nosotras mismas amor y cuidado: no es
necesario que esperemos, vacías, hasta que
llegue un hombre a proporcionárnoslos.

Tratar de recuperarse de la adicción a relaciones afectivas (o cualquier otra adicción) sin fe es como trepar por una colina empinada llevando tacones altos.

A veces es necesario que la gente se separe. Pero si te separas sin haber aprendido la lección que esa relación está tratando de enseñarte, entonces volverás a enfrentarte al problema nuevamente en la siguiente relación, y otra vez en la siguiente a esa.

Cuando logres aceptar a este hombre exactamente tal cual es, sin enfado ni resentimiento, sin pretender cambiarlo o castigarlo, sin tomar a título personal lo que hace o deja de hacer, habrás ahondado en lo profundo de tu alma, y habrás recibido el regalo que esta relación ha intentado brindarte.

Después de haber aprendido la lección que esta relación ha intentado impartirte, es posible que descubras que quedarte o marcharte no era el verdadero meollo de la cuestión.

Cuando perseguimos a un hombre
que no nos puede amar, es necesario que
reconozcamos que existe un elemento
predatorio en la persecución sexual,
un deseo de subyugar al otro mediante
nuestra seducción.

La recuperación de una relación adictiva requiere un esfuerzo tan riguroso —y aun así cuesta mensurarlo—, que es más que habitual escuchar a las adictas a relaciones afectivas afirmando que ya están totalmente recuperadas, antes que verlas llevando efectivamente a cabo la tarea.

Es muy tentador considerarnos totalmente recuperadas cuando, en realidad, apenas hemos comenzado lo que será un proceso de cambio y crecimiento, de lucha y autoconocimiento, que durará toda la vida.

Una de las claves para la recuperación consiste en asumir que la recuperación (y nosotras mismas) siempre será un proceso, jamás un producto terminado.

Estamos aquí para aprender y despertar a la verdad.

Cuando hemos sido traumatizadas de alguna manera, siempre aparece (por lo general, de manera inconsciente) el impulso a recrear la situación traumática y esta vez sí, ganar, imponernos sobre lo que nos ha vencido con anterioridad.

Cuanto más grande haya sido el trauma sufrido, tanto más poderoso es el impulso de recrearlo y, en esta oportunidad, superarlo. Es este uno de los caminos hacia la compulsión.

Cuando estamos en recuperación, ya no llamamos a un hombre para decirle que no volveremos a dirigirle la palabra.

Siempre nos hallaremos más a gusto viviendo en las condiciones que hemos conocido en nuestra familia de origen, *no importa cuán enferma haya sido esa familia*. Como consecuencia, de adultas elegimos aquellas relaciones que nos resultan familiares.

Después de todo, la palabra «familiar» (aquello a lo que estamos acostumbrados) deriva del concepto de «familia».

Si queremos ser de alguna ayuda para los demás, nuestra prioridad debe ser nuestra propia recuperación.

Para poder ofrecer algo, antes tenemos que tenerlo nosotras.

*S*i realmente quieres recuperarte de haber amado demasiado, debes asumir la responsabilidad del hecho de que *elegiste* esa pareja, y advertir que en esa relación hay lecciones que debes aprender. La primera es cómo hacer para abandonar la lucha por cambiar a la otra persona.

La necesidad imperiosa y compulsiva de hacer *algo* —para provocar cambios en el otro— es uno de los elementos más destructivos en una relación adictiva.

¿Puedes, acaso, afirmar con sinceridad que cada intento de presionar a tu pareja para que cambie ha sido por amor y no por coaccionarlo y manipularlo?

El cambio no exige un ataque prodigioso, espectacular y pasajero del problema, sino de cotidiana aceptación de su existencia y compromiso de solucionarlo.

Cuando creemos tener la respuesta a los problemas de los demás, y pensamos que ellos están equivocados y nosotras tenemos razón, estamos siendo *soberbias*, y ese estado no puede coexistir con la humildad y aceptación necesarias para nuestra recuperación.

Ser soberbias, creyendo que somos dueñas de la verdad sobre lo que está bien y lo que está mal, puede tener el desgraciado efecto de actuar como uno de los más impenetrables obstáculos para reconocer y asumir nuestra verdadera condición.

Recuerda: no es el amor sino la ira
y el miedo lo que mantiene unidas a dos
personas que pelean entre sí de forma
enfermiza.

En virtud de que la gente puede
divorciarse y aun así continuar peleando
durante años, la cuestión no pasa
simplemente por quedarse o marcharse.

Si nuestras relaciones con los hombres han sido peligrosas y dramáticas, y comenzamos a recuperarnos, a tomar distancia, nuestras parejas pueden llegar a intentar enérgicamente mantenernos enganchadas a la batalla. Y la parte de nosotras que aún quiere ganar puede querer dar marcha atrás y darle otra oportunidad, efectuando todos los movimientos que tan bien conocemos.

Pero nosotras, las adictas a relaciones afectivas, debemos preguntarnos seriamente cuáles son nuestros motivos para volver a engancharnos con personas peligrosas que han constituido nuestra «droga».

Aquello que debemos hacer para proteger nuestra recuperación no siempre aparece ante los demás como algo «agradable».

Sin embargo, quien padezca enfermedades de adicción y de coadicción debe dejar a un lado las reglas de urbanidad y seguir fielmente las reglas para la recuperación.

Lo que les proporciona a nuestras hijas las lecciones más formativas acerca de lo que significa ser mujer no es lo que les decimos, sino lo que sentimos y hacemos.

Aunque nuestra recuperación de la adicción a relaciones afectivas no garantice que nuestras hijas no repitan nuestro esquema, aún sigue siendo el seguro más fiable contra ello. Es más, el más valioso presente que una madre adicta puede hacerle a su hija es su propia recuperación.

¿No es un consuelo pensar que cuanto mejor nos cuidemos a nosotras mismas, más oportunidades generaremos para que quienes nos rodean sean sanos y felices?

Una adecuada definición de «adicción» podría ser la siguiente: a pesar de que existan pruebas incuestionables de que algo no nos hace bien, no podemos abandonarlo.

Cierto tipo de adicciones lleva a la gente a escoger profesiones que son un reflejo de su enfermedad, ya que a menudo los adictos suelen utilizar sus profesiones como defensa contra su adicción.

Ocultarse tras el rol de «experto» puede ser una buena manera de defenderse contra el dolor intenso y los secretos más profundos. ¿Cómo es posible tener un problema en el terreno en el que uno es experto?

Es muy común que las adictas a relaciones afectivas se sientan atraídas hacia profesiones de servicio a los demás.

Muchas de nosotras elegimos profesiones que implican ayudar a otros porque nosotras mismas estamos heridas. Utilizamos así nuestro trabajo como manera de centrar la atención en la vida y los problemas de los otros para evitar enfrentarnos con los nuestros.

Sin embargo, cuando tenemos asegurada nuestra recuperación es cuando realmente tenemos todo lo necesario para ofrecer a los demás.

A medida que aprendes a dejar de obsesionarte por la conducta del otro, quedas enfrentada a tus propios problemas —que pueden ser impresionantes—, sin nada que te distraiga.

Esto puede parecerte difícil y darte miedo, pero no te recuperarás de tu adicción a esa relación sino hasta que encuentres el valor necesario para centrar tu atención en tu propia vida antes que en la de un hombre.

Para muchas de nosotras, estar en pareja con un adicto es más sencillo que enfrentarnos a nuestra propia enfermedad y abocarnos a nuestra recuperación.

Si a nuestra pareja se le ocurre comenzar a recuperarse, debemos hacer otro tanto, a menos que queramos buscarnos otro hombre con problemas.

La decisión de superar cualquier clase de adicción crea una presión que posibilita una transformación personal, ya que la recuperación de esa adicción exige someterse a la voluntad de Dios.

Nadie puede doblegar la voluntad de otro y, por lo tanto, nadie puede provocar la recuperación de otro. En realidad, cuando lo intentamos acabamos por renunciar a nuestros propios principios.

Tras toda una vida de relaciones enfermizas, la mujer que ama demasiado suele sentirse peor en las primeras etapas de su recuperación, aunque en realidad esté avanzando en la dirección correcta.

Esto se debe a que está liberándose de sus viejos esquemas de conducta y de pensamiento, *todos* los cuales deben ser modificados si desea mejorar.

Toda recuperación es un milagro
que ocurre por obra de la gracia,
y no por accidente.

Para curarnos es preciso que nos enfrentemos, no sólo a los recuerdos soterrados de nuestra infancia, sino también a la totalidad de nuestras conductas y decisiones desacertadas como adultas.

Es habitual que las mujeres que aman demasiado adopten una actitud deliberadamente ambigua o permisiva en lo referente a las conductas e inclinaciones destructivas de sus parejas.

Semejante ambigüedad es peligrosa.

Las mujeres que son activas feministas
y a la vez también son adictas a hombres
inadecuados pueden encontrar las raíces
de ambos comportamientos —el
ideológico y el adictivo— en la misma
experiencia infantil: se han visto expuestas
y sometidas a un padre colérico, agresivo
y dominante, y a una madre mártir,
resentida y dócil.

Cualquier clase de adicción, sea esta a una persona, una sustancia o una conducta, no es inmoral, sino simplemente amoral, como cualquier otra enfermedad.

El relacionarse compulsivamente pierde su misterio al ser visto como un impulso irresistible, pero inconsciente, de controlar en el presente lo que nos resultó incontrolable en el pasado. Cuanto más abrumadora ha sido la experiencia infantil, mayor es la necesidad inconsciente y compulsiva de recrear el mismo clima o situación emocionalmente cargado en la adultez, e intentar dominarlo.

Un enfoque mucho más saludable es trabajar hacia el logro de la *voluntad* de enfrentarnos a lo que haya en nuestro pasado, y que necesite ser puesto en palabras y cicatrizado. En cuanto nos mostremos dispuestas a enfrentarnos con nuestro pasado, los recuerdos comenzarán a desplegarse ante nosotras tan rápidamente como seamos capaces de manejarlos.

Confía en ello.

Cuando nuestra historia enterrada comienza a volverse parte de nuestra conciencia, las acciones que se relacionan con ella también se vuelven más conscientes. Donde alguna vez hubo una compulsión, ahora hay una elección. Puede no ser una elección *fácil*, porque abandonar antiguas conductas no es agradable, pero cuando la elección es posible, repetir deliberadamente conductas enfermizas es más incómodo que abandonarlas.

No importa qué clase de padres, qué clase de infancia, qué clase de traumas hayamos conocido: podemos cambiar nuestra herencia, y convertir una herencia de enfermedad en otra de recuperación, si elegimos perdonar y sanar.

Muchas mujeres que aman demasiado sospechan haber sido víctimas de un INCESTO. Si tú sospechas que lo fuiste, es posible que sea verdad.

La compulsión hacia la comida suele estar presente en aquellas mujeres que han sufrido alguna clase de abuso sexual.

Cuando la vida hace que nos sea imposible continuar como hasta entonces y debemos modificar nuestra conducta, recibimos una *bendición*.

Pero, naturalmente, en ese momento no la vivimos como tal.

La negación responde a una tendencia humana natural.

A menudo nos son necesarios varios grados de catástrofes para eliminarla.

$\mathcal{E}$s posible que tengamos una adicción que enmascara otra, tal como la adicción a hacer gimnasia, que enmascara a la compulsión a comer.

La adicción a una relación afectiva,
al igual que la drogodependencia
o el alcoholismo, es una enfermedad
progresiva.

Esto significa que el lapso entre la caída
en una relación adictiva y el momento
en que la vida se torna completamente
inmanejable *se acelera* dramáticamente
a medida que pasan los años.

Acceder a volver a encontrarnos con el hombre que ha sido nuestra «droga» puede tener el mismo efecto que beber una copa para un alcohólico en recuperación.

Años de recuperación pueden quedar borrados de un plumazo, y la obsesión puede reaparecer con más fuerza que nunca.

Algunos hombres son como el brócoli: no demasiado excitantes, pero saludables y buenos para nosotras; y otros son como el chocolate: increíblemente tentadores pero, para las que somos adictas, definitivamente muy peligrosos.

Si somos adictas a las relaciones afectivas, necesitamos relacionarnos sanamente y evitar a aquellas personas que para nosotras son la droga que nos arroja de *cabeza* dentro de nuestra enfermedad.

Nuestros intentos por importarle a este hombre, por hacernos tan necesarias para su bienestar como lo es él para el nuestro, nos pueden transformar en mujeres cargantes, asfixiantes y manipuladoras, e incluso pueden hacer que nos rebajemos frente a él.

Cuando amamos demasiado, habitualmente somos despreciadas por nuestros esfuerzos: nuestra pareja nos desprecia, y nos despreciamos a nosotras mismas.

Abandonar la práctica de una adicción requiere algo más que decirte a ti misma que debes cambiar.

Nada funciona mejor que la plegaria si lo que pedimos es que se haga la voluntad de Dios y no la nuestra.

Comienzas una relación asumiendo
el papel de la madre que todo lo da, todo lo
acepta y todo lo consiente a su niño malo
y exigente?

Las que amamos demasiado les
proponemos un acuerdo tácito a los
hombres que se nos aparecen como
necesitados: primero yo me haré cargo
de ti, y luego tú te harás cargo de mí.

Cuando recurrimos a una droga, una conducta o a otra persona para poder sobrellevar un sentimiento insoportable, corremos el riesgo de desarrollar una dependencia enfermiza.

Si un hombre se convierte en el alivio para sentimientos de ansiedad y abandono, podemos volvernos desesperadamente dependientes de él. Es nuestra «dosis».

Nuestra «dosis» siempre requiere algo en pago por el alivio temporal que nos suministra. Con las relaciones adictivas el precio es, generalmente —y por lo menos—, una resaca emocional.

La sobriedad en una relación, entendida como la ausencia de la adicción, es a la vez muy real y muy sutil, y no puede ser medida salvo por los progresivos niveles de serenidad que vamos obteniendo en nuestra vida.

Si alguien te golpea o te hace daño una vez, es más que probable que lo vuelva a hacer, con la salvedad de que esa vez tendrás menos derecho a sentirte golpeada o herida, porque ya sabes que él tiene tendencia hacia esa clase de comportamiento.

Dado que se trata de un adulto, debe asumir que actuó como lo hizo, y no porque no se diera cuenta, sino porque ese comportamiento forma parte de su personalidad. Un hombre puede ponerse límites por un tiempo, o permitir que tú se los pongas, pero será sólo algo temporal. Tarde o temprano volverá a ser el que realmente es. Si no lo abandonas, si intentas manejar el comportamiento o la adicción de tu pareja, todos tus esfuerzos no generarán en él sentimientos de gratitud. En lugar de eso, lo que sentirá por ti es resentimiento por ser la que interfiere entre él y lo que quiere o necesita hacer. Entonces, el problema no es su comportamiento. Eres *tú*.

Aun cuando parezca que un hombre te invita a tratar de ayudarlo a manejar su vida, hacerlo significa una falta de respeto hacia el derecho que tiene a ser el que es.

Cuando un hombre te invita a ayudarlo a controlar cualquier aspecto de su vida, te está tendiendo una trampa. *Su* problema se ha convertido en el *tuyo*.

Cuando un padre convierte a su hijo en compañero y confidente, se produce una violación del territorio del niño.

Cualquier niño que es elevado al rango de igual por un adulto ha sido tomado para servir a las necesidades del mismo.

Para no seguir causando daño, y a la vez obtener el consuelo, la guía y el apoyo que necesitamos, debemos buscar la compañía de otros adultos que también están intentando recuperarse de la adicción a relaciones afectivas, y que compartirán con nosotras su experiencia, su fortaleza y su esperanza.

Cuando las personas están tratando realmente de cambiar, no hablan demasiado sobre el tema. Están demasiado ocupadas haciéndolo.

Para muchas de nosotras que somos adictas a relaciones afectivas es mucho más fácil decir: «Esta persona es mi problema», que admitir el miedo y la dificultad de estar sólida e íntimamente presente para el otro.

En toda curación, ya sea la de una pierna lastimada, una mente lastimada o un corazón lastimado, interviene la acción de un principio espiritual.

Este principio espiritual que nos marca el camino existe en cada uno de nosotros; el contacto con este principio es la búsqueda que nace del deseo de derrotar una adicción, incluso la de amar demasiado.

Encontrar este principio en nuestro interior y someternos a su guía es un trabajo *muy* arduo, pero si estamos amando demasiado ningún esfuerzo es demasiado.

El sufrimiento emocional existe porque no estamos admitiendo sinceramente algo acerca de nosotras o nuestro estado, algo que, en algún nivel de conciencia, *ya sabemos*.

El verdadero cambio requiere una aceptación que es comparable a un sacrificio.

*C*omo adictas a las relaciones afectivas, les hacemos tanto daño a nuestros hijos como un alcohólico activo, por los siguientes motivos:

- Tenemos cambios de carácter igualmente erráticos, espectaculares e impredecibles.

- Nuestras acciones son igual de compulsivas e irracionales cuando necesitamos una «dosis».

- Nuestros pensamientos y sentimientos casi siempre están concentrados en otra cosa.

- Cuando estamos bajo la influencia de nuestras emociones fuera de control, al volante somos tan peligrosas como él.

- Nos vamos haciendo paulatinamente menos sinceras con nosotras mismas, al echarle la culpa de nuestra adicción a otros o a las circunstancias.

$\mathcal{E}$l dolor emocional es para la psiquis lo que el dolor físico es para el cuerpo: una señal de que hay algo enfermo o lastimado.

Después de todo, la vida no es otra cosa que tomar conciencia y crecer. Hacemos que esos procesos sean más dolorosos porque no nos son bienvenidos.

Es a través de la búsqueda de nuestra recuperación cuando nuestros secretos más temidos se transforman en los regalos más valorados.

Cuando te encuentres en recuperación, no vas a perder nada que realmente sea importante para ti y tu bienestar.

Dos de las mejoras que nos promete la recuperación son que nos va a ir *mejor* en la vida, y que seremos *realmente* una ayuda para los demás.

Todo aquello que hacemos naturalmente como reacción ante la adicción del otro está mal.

Tanto el deseo de ayudar como el de castigar son reacciones codependientes.

Nunca le hagas al otro la mitad del trabajo para solucionar su problema.

Cuando tratamos esforzadamente de ayudar al otro, sentimos frustración y enfado, y la otra persona siente culpa y resentimiento.

Hacer los cambios necesarios debe ser *más* importante para esa persona que necesita hacerlos, de lo que lo es para los que podríamos ser de alguna ayuda.

Ningún terapeuta puede ser la respuesta total para los problemas de su paciente.

Poner tu vida en manos de un terapeuta *no* es como llevar el coche al mecánico. *Tú* eres aún responsable de identificar y de corregir todo aquello que no funciona.

La gente raramente cambia, si no es a través de algún dolor intolerable.

Cuando servimos para aliviar el dolor del otro, a menudo interrumpimos el proceso de motivación para el cambio de esa persona. Por esta razón, la mayoría de nuestros esfuerzos para resolver los problemas del otro no hacen sino prolongarlos y perpetuarlos en el tiempo.

Desgraciadamente, cuando amamos demasiado, la tolerancia de esa otra persona ante el dolor suele ser mayor que la nuestra para presenciarlo. En lugar de tratar de arreglar el problema, necesitamos apartarnos para no sufrir sus consecuencias.

Estamos seguras de que si le mostramos a alguien cuánto lo amamos, no importa cuán mal nos trate, él cambiará. Lo que realmente le estamos mostrando es que para él es más seguro seguir como está.

Muchas de las mujeres que aman demasiado tienen problemas serios con la depresión endógena.

Tratar de vivir una vida normal cuando se sufre una depresión endógena es como tratar de esquiar con una pierna rota: muy difícil y muy doloroso.

Cuando luches contra la depresión, *no* apuntes a la perfección. Relájate, y reduce tu estrés.

La recuperación implica elegir todo aquello que sostiene tu serenidad y bienestar.

El alcohol adormece la parte de tu mente que dice «no»... y tú sabes bien cuán importante es esa parte de tu mente cuando estás tratando de no practicar tu estilo particular de amar demasiado.

A veces tenemos deseos de llamarlo, o pasar por su casa, o pasar la noche con él, aunque sepamos que hacerlo es un error.

De manera que antes nos bebemos una copa. Más tarde, al decirnos que no nos habríamos comportado de esa manera si no hubiéramos bebido, evitamos hacernos responsables de nuestras propias decisiones, y también evitamos analizar el significado que han tenido en nuestras vidas. Y así continúa funcionando nuestro círculo enfermizo.

Amarte a ti misma lo suficiente como para quedar libre de adicción es un prerrequisito indispensable para poder amar a otra persona.

Nunca des por sentado que la adicción
a una relación afectiva no va a matarte. Es
una de las que producen más estrés, y todas
sabemos que el estrés mata.

Pon toda la voluntad que haga falta
para recorrer toda la distancia necesaria
y así lograr tu recuperación. Estás salvando
tu vida.

La recuperación es un proceso dinámico que comienza minuto a minuto, crece de hora en hora, y finalmente continúa año tras año, pero nunca actúa más que un día cada vez.

Intenta todo lo que sea necesario para no hacer las cosas grandes o pequeñas que constituyen una «recaída» y para no realizar ninguna de las acciones de ayuda, control o castigo que te vienen a la mente con tanta facilidad e insidia.

La convicción de que encontrar al terapeuta adecuado solucionaría todos los problemas de tu vida está casi tan extendida como la de que lo haría el encontrar al hombre adecuado.

La recuperación de cualquier adicción, incluso la de amar demasiado, requiere de tu convicción de que debes cambiar y que te apoyes en un Poder Superior.

Muchas de nosotras descubrimos que después de nuestra primera recuperación, tenemos que enfrentarnos a una nueva recuperación.

Recuperarse en uno de los aspectos de la vida a menudo muestra con claridad cuán inadecuada es la vida en otro aspecto.

$\mathcal{E}$s propio de las mujeres que aman demasiado el minimizar cuán mala se ha vuelto la situación. Cuando ello ocurre, los intentos por controlar la obsesión fallan una y otra vez y se acrecienta la disparidad entre nuestra imagen pública y nuestro comportamiento privado y secreto.

Si nos encontramos frente a una adicción a una relación afectiva, ningún método es tan eficaz para la recuperación como el programa de los doce pasos.

Tener la voluntad de aprender un nuevo estilo de vida un día cada vez es mucho más eficaz a largo plazo que intentar hacerlo muy deprisa.

Primera promesa de recuperación
de una relación adictiva

Nos aceptamos a nosotros mismos en forma total, aunque existan aspectos que deseemos cambiar. Alimentaremos con dedicación y ampliaremos activamente nuestra autoestima esencial y nuestro cuidado de nosotros mismos.

Segunda promesa de recuperación
de una relación adictiva

Aceptaremos a los otros tal como son,
sin intentar cambiarlos para que satisfagan
nuestras necesidades.

Tercera promesa de recuperación
de una relación adictiva

Nos pondremos en contacto con
nuestros sentimientos y actitudes sobre
cada uno de los aspectos de nuestras vidas,
incluida nuestra sexualidad.

Cuarta promesa de recuperación de una relación adictiva

Amaremos cada uno de los aspectos de nosotras mismas: nuestra personalidad, nuestra apariencia, nuestras convicciones y valores, nuestros cuerpos, nuestros intereses y nuestros logros.

Nos valoraremos a nosotras mismas antes de buscar que una relación nos proporcione el sentido de la propia valía.

Quinta promesa de recuperación de una relación adictiva

Nuestra autoestima será lo suficientemente grande como para que podamos disfrutar de estar junto a los otros, especialmente a los hombres, que aceptaremos tal como son.

No será preciso que nos sintamos necesitadas para sentirnos valiosas.

Sexta promesa de recuperación de una relación adictiva

Nos permitiremos ser abiertas y confiadas con las personas apropiadas.

No temeremos ser conocidas a un nivel profundamente personal, pero no nos expondremos a la explotación de aquellos que no se interesan por nuestro bienestar.

Séptima promesa de recuperación
de una relación adictiva

Aprenderemos a preguntarnos: «¿Esta relación es buena para mí? ¿Me permite crecer todo lo que soy capaz?».

Octava promesa de recuperación
de una relación adictiva

*C*uando una relación sea destructiva,
seremos capaces de dejarla sin
experimentar una depresión paralizante.
    Contaremos con un círculo de amigos y
de sanos intereses que nos sostendrán
durante la crisis.

Novena promesa de recuperación
de una relación adictiva

Valoraremos nuestra propia serenidad
por encima de todas las cosas. Todas las
luchas, los dramas y el caos del pasado
habrán perdido su atractivo.

Nos volveremos protectoras de
nosotras mismas, nuestra salud y nuestro
bienestar.

Décima promesa de recuperación
de una relación adictiva

Sabremos que una relación, para que funcione, debe plantearse entre dos que compartan similares valores, intereses y objetivos, y que tengan ambos capacidad para la intimidad.

También sabremos que merecemos lo mejor que puede ofrecernos la vida.

La primera fase de la recuperación de haber amado demasiado comienza cuando nos damos cuenta de lo que estamos haciendo, y deseamos poder dejar de hacerlo.

Cuando dejamos de amar demasiado ya no basamos todo lo que hacemos y decimos en cómo creemos que será la reacción del otro.

A medida que nos recuperamos, lo que en otra época sentimos como normal y familiar se nos vuelve incómodo y poco saludable.

Los resentimientos se parecen al
monstruo de Frankenstein en que cobran
vida propia, a menos que nos esforcemos
por librarnos de ellos.

Si no tienes cuidado, te encontrarás un
día con que tienes como mascota a un
resentimiento que exige ser cuidado y
alimentado diariamente.

Si nos repetimos a nosotras mismas una y otra vez la historia de nuestro eterno papel de víctimas, finalmente terminaremos contándosela a todos los demás.

No recibimos menos en la vida por el hecho de desearles menos a los demás.

En una relación, nada sucede por accidente ni está desconectado del resto.

Ese hombre es exactamente el mismo que era cuando lo conociste y decidiste quedarte con él.

Las que amamos demasiado podemos sentirnos intrigadas y atraídas por las mismas cualidades que deseamos cambiar en él.

Niégate a considerarte la víctima de una relación. Asume que has participado por completo en cada uno de los juegos que han tenido lugar.

*C*on cualquier pareja difícil, trata de descubrir cuáles son *tus* pasos en el baile en que estáis embarcados.

Admitir que en una relación nada pasa por accidente, y que no somos las víctimas, nos obliga a madurar y a enfrentarnos a nuestro lado oscuro.

La verdadera recuperación tiene lugar cuando dejamos de ver el problema como algo que está fuera de nosotras y dentro del otro.

Para vencer al resentimiento, bendice a la otra persona y ruega por su bienestar. Pero no te sacrifiques por él.

Cuando sentimos envidia, somos presas
de la errónea convicción de que en el
mundo no hay bien suficiente para todos.

Recibimos lo que damos... ¡prodiga, entonces, bendiciones!

Las personas de uno y otro sexo
haríamos bien en dedicar nuestros
esfuerzos a intentar comprendernos
un poco mejor a nosotras mismas.
Probablemente no podríamos siquiera
esperar ser expertas en otra persona.

*C*ualquier comportamiento entre seres humanos que no sea sincero, abierto e interesado por el otro tiene su origen en el miedo.

Generalmente, el miedo principal de los hombres es el de verse asfixiados, y el de las mujeres, ser abandonadas.

Cuanto más herida está una mujer, más tiende a ver al hombre de la familia como su fuente de fortaleza.

Cuanto más herido está un hombre, más tiende a ver a la mujer y a la familia como una amenaza para su independencia.

Como comparten los mismos antecedentes emocionales, los hombres que aman demasiado poco y las mujeres que aman demasiado tienden a formar pareja.

Naturalmente, esto conforma los problemas que inconscientemente aportan a la relación.

*C*uando hemos sido heridas y no estamos curadas, tendemos a ser peligrosas.

Las mujeres y hombres discapacitados para las relaciones afectivas crían hijas e hijos igualmente discapacitados.

La palabra «amor» se aplica habitualmente a varios estados de ánimo que, en realidad, simbolizan todo aquello que el amor *no* es.

La lujuria, la pasión, los celos, el sufrimiento, el miedo, la excitación, la codicia, el sojuzgamiento, el alivio del aburrimiento o de la soledad, la venganza, la competitividad, el orgullo y la terquedad suelen disfrazarse de amor.

$\mathcal{E}$l amor sano hacia uno mismo no es compulsivo, sino equilibrado.

La capacidad para amar a otra persona surge de un corazón pleno, no de un corazón vacío.

*C*onvertimos las relaciones afectivas prácticamente en una religión, dejando a sus pies las cargas más pesadas de ser un ser humano.

No tiene sentido que le pidamos a otro ser humano lo que deberíamos pedir a Dios.

¿Quién es bueno para nosotras? Aquel que no disminuye nuestro contacto con el Poder Superior.

Mientras el crecimiento espiritual sea nuestra prioridad, lograremos ir resolviendo nuestros problemas de relación.

Debe existir confianza en algo más grande que nosotras y que la relación en sí para poder amar de manera libre, sana y profunda.

Sin confianza en un Poder Superior, el miedo a la pérdida en una relación crece allí donde debería crecer el amor.

Sin confianza y respeto mutuos,
muchos de esos vínculos llamados «amor»,
que en realidad son obsesiones, pueden
echar raíces y crecer, mientras el verdadero
amor no puede hacerlo.

Los codependientes están esperando que el adicto se recupere (lo que muy bien puede no llegar a ocurrir) antes de poder ser felices.

Cuando aprendes a ser feliz sin que importe lo que está haciendo el otro, te estás recuperando... y aumentan las posibilidades de que la otra persona se recupere también.

La principal ayuda que podemos recibir proviene de un enfoque más centrado en el tema específico de la adicción, de manera que es importante que encontremos un programa al que asistan otros que comparten nuestro problema.

Si seguimos un programa de recuperación, ya no tendremos necesidad de revivir nuestra infancia en nuestras relaciones adultas.

Aquellos que comparten con nosotras
el camino hacia la recuperación pueden,
como ninguna otra persona, reconocer
y aplaudir nuestros progresos.

Todos los días mírate al espejo, pronuncia tu nombre y di: «Te amo y te acepto exactamente como eres».

Tú eres una parte necesaria y amada del universo. No tienes que ganarte el derecho a existir.

Cuando el adicto a una relación afectiva es un *hombre*, podemos ver a la enfermedad tal como es realmente, libre de los estereotipos culturales que estimulan en las mujeres el amar demasiado.

Todas las mujeres inmersas en esta cultura son activamente estimuladas desde revistas y otros medios de comunicación a conducirse de muchas de las formas típicas de una relación adictiva y muy enfermiza.

Nuestra cultura ciertamente estimula en las mujeres la adicción a las relaciones afectivas, y establece sanciones contra aquellas que no piensan, sienten y actúan de esa manera.

Desde el momento en que es cierto que las mujeres adictas a relaciones afectivas tendemos a encontrar aburridos a los hombres «buenos», existe otro factor a ser tenido en cuenta.

Encontrar un hombre bueno y aprender a amarlo no es la solución automática a nuestros problemas porque, para empezar, no todos los hombres «buenos» realmente lo son.

Algunos se han limitado a desarrollar una manera muy solapada de manejarse con deshonestidad en las relaciones afectivas.

Dar al otro sin cesar llega a alcanzar las proporciones de un implícito soborno.

Por qué, en lugar de agradecernos lo que hemos hecho, se nos guarda rencor? La respuesta es simple: porque no hemos sido honestas, sino manipuladoras.

La increíble ironía con respecto a la adicción a las relaciones afectivas es que en el núcleo de la obsesión yace un profundo temor a la intimidad.

$\mathcal{E}$n muchas parejas es difícil señalar cuál es el más dependiente y exigente de los dos, no importa cuál *parezca* ser el adicto a las relaciones afectivas.

Nadie, jamás, debería buscar un terapeuta para otra persona.

Cuando tratamos de llevar a terapia a otro, nuestra real motivación es el propio interés, oculto bajo el disfraz de mostrarnos serviciales.

La búsqueda frenética de respuestas no es el camino hacia la recuperación. Cuando nos decidimos francamente a recuperarnos, *no importa de qué*, el camino hacia la recuperación se nos revela por sí mismo.

*C*ompartir nuestras experiencias, buenas o malas, en un programa de recuperación, es ya recuperarte en parte.

La recuperación, tanto para hombres como para mujeres, tiene lugar cuando se la busca por la recuperación en sí y no por el efecto que podría llegar a tener sobre nuestra pareja o matrimonio.

Cuando las personas están realmente trabajando en su recuperación, no alardean de lo que están haciendo para impresionar a los demás con su sinceridad.

Si sientes la tentación de demostrarle a él cuánto has cambiado, es preciso que te asegures de que tu «recuperación» no es tan sólo un nuevo movimiento en la danza mortal ejecutada por dos bailarines atrapados en el abrazo asfixiante de la obstinación.

$\mathcal{S}$i a partir de la infancia has tenido
que cuidar y comprender a los demás,
es probable que nunca hayas aprendido
a cuidarte y comprenderte a ti misma.

$\mathcal{S}$i provienes de un pasado caótico, como adulta sentirás que cuanto más dificultades presenta una nueva relación, tanto más estimulante y excitante te parece.

Mientras nuestra atención esté puesta en nuestra relación con otra persona, impidiendo que desarrollemos la relación con nuestro propio interior, la capacidad para establecer la intimidad no se verá incrementada.

Debemos aceptar y amar nuestro yo interior antes de poder tolerar que se nos acerque otro lo suficiente como para conocernos y amarnos de verdad.

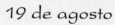

*S*i no estamos yacientes, es más difícil que nos pisoteen.

*C*uando una persona cambia de posición, la estructura completa de todas sus relaciones o su familia también cambia automáticamente. Por lo tanto, logramos un cambio de mayor alcance al cambiar nosotras mismas.

Desgraciadamente, muchas de nosotras preferimos el estancamiento del estado de las cosas al desafío de realizar cambios que podrían mejorar la calidad de nuestra vida.

$\mathcal{E}$s preciso que asumas la posibilidad de que cuando dejas de amar demasiado, tu relación pueda terminar.

A veces, sentirás un vacío tan profundo que casi podrás sentir cómo sopla el viento por el lugar donde debería estar tu corazón.

Acepta este vacío y ten en cuenta que no siempre te sentirás así, y que quedándote tranquila y asumiéndolo comenzarás a llenarlo con el calor de la autoaceptación.

La vida mejorará en relación directa con el grado de seguridad en nosotras mismas que adquiramos.

Cuando estamos en recuperación, nuestra prioridad debe consistir en conservar la ecuanimidad, antes que despertar compasión o tomar venganza.

Un matrimonio del cual esperábamos que fuera la solución a antiguos problemas y sufrimientos a menudo se convierte en el problema más grande y doloroso de todos.

Si eres una mujer maltratada, considera la posibilidad de aplicar a tu conflicto el concepto de adicción a una relación afectiva, que tiene su origen en un trauma infantil y el consiguiente deseo de repetir situaciones y enmendar viejos errores. El reconocerlo te permitirá buscar ayuda y comenzar con tu propia recuperación, en lugar de esperar que sea él quien cambie.

Nuestra alma ha elegido esta vida para que aprendamos la lección que sólo aprenderemos a través del trabajo de perdonar y perdonarnos.

Nuestra recuperación requiere mucho tiempo, trabajo y dedicación, pero continuar amando demasiado en definitiva cuesta mucho más que eso.

En un grupo de apoyo integrado por personas como nosotras, en el que nadie es un experto y todos somos iguales, cada uno se responsabiliza de encontrar sus propias verdades.

Aprender a relacionarnos sexualmente
con otra persona de una manera íntima y
respetuosa en lugar de hostil y competitiva,
es una tarea que exige un importante
esfuerzo a muchas mujeres adictas
a las relaciones destructivas.

La adicción a relaciones afectivas es la adicción más idealizada de todas.

Para quienes se están recuperando de amar demasiado, la relación sexual debe basarse en el verdadero interés por el otro y en la excitación que produce la intimidad compartida, y no en la lucha por conquistar a un amante imposible.

Si no estamos embarcadas en nuestra recuperación, cuando pensamos que la cuestión pasa por decidir si marcharnos o no, en realidad estamos pensando en términos de ganar o perder.

Irónicamente, es más fácil marcharnos, si eso es finalmente lo que necesitamos hacer, después de haber ya avanzado en el camino de la recuperación, porque recuperarse no significa ganar: significa no jugar.

Cuando el recurrir a cierta droga, sustancia o actividad deja de ser una elección para convertirse en una compulsión, estamos en presencia de una adicción.

Todos nosotros, como partes integrantes de una cultura, tenemos maneras de «disfrazar» las adicciones para hacer que parezcan decisiones libres y no compulsiones.

Si desde muy temprana edad hemos asumido demasiadas responsabilidades, podemos estar convencidas de que hace tanto tiempo que somos adultas, y hemos pedido siempre tan poco para nosotras mientras hacíamos tanto para los demás, que creemos que es demasiado tarde para reclamar nuestro turno.

Pero no lo es.

Aprende a aceptar que ya te toca a ti, y a actuar en consecuencia.

Es preciso que dirijamos nuestro empeño hacia el logro de significado, identidad y comprensión en el marco de una búsqueda espiritual y no de una búsqueda afectiva.

La mayoría de las mujeres que amamos demasiado ya hemos aprendido la gran lección espiritual que es la compasión.

En realidad, muchas de nosotras *exageramos* la compasión. Queremos hacer por los demás todo lo que deberíamos estar haciendo para nosotras mismas.

Estamos, entonces, listas para la siguiente gran lección espiritual: la separación. Debemos aprender a desatarnos —con amor y compasión— de aquellos cuyas vidas intentamos controlar.

La necesidad de controlar a los demás con el pretexto de ser serviciales es muy típica de las personas adictas a relaciones afectivas.

Cuando amamos demasiado, el curarnos significa que debemos *dejar* de buscar maneras de ayudar a los otros.

Cuando dejamos de actuar de determinadas maneras para obtener el amor y la aprobación de los demás, comenzamos a saber quiénes somos realmente.

Cuando logramos ser capaces de perdonar a otra persona, súbitamente comprendemos todo cuanto necesitábamos saber acerca de su estado.

La espiritualidad, al igual que la caridad, comienza por uno mismo. Es posible que creamos que si tuviéramos menos problemas y más tiempo para reflexionar sobre verdades profundas, podríamos desarrollar mejor nuestro lado espiritual. Pero es precisamente a través de la lucha con los problemas y presiones de la vida como nuestros defectos de carácter quedan expuestos y finalmente, con gran esfuerzo, superados.

Nos volvemos más tolerantes, compasivas, comprensivas y capaces de alejarnos del otro con amor, y al mismo tiempo menos omnipotentes, temerosas, entrometidas y manejadoras porque *debemos* hacerlo así si queremos sobrevivir con cierto grado de serenidad en el campo emocional de la vida.

Esto es desarrollo espiritual.

A medida que nos volvemos más capaces de aceptar a la gente *tal como es*, nos volvemos también más capaces de elegir a aquellos que son buenos para nosotras, y a dejar partir con nuestra bendición a quienes no lo son.

La primera vez que descubrimos que estamos de rodillas, generalmente estamos desesperados por recibir ayuda.

Cuando nos estamos recuperando, la oración realizada con humildad se vuelve parte importante de nuestros esfuerzos.

Finalmente, y a raíz de haber reconocido la invalorable función que ha cumplido la oración en nuestra toma de conciencia espiritual, estaremos agradecidos por aquellos problemas que en un primer momento nos habían puesto de rodillas.

Para poder recuperarte debes abandonar la errónea idea de que tu alto nivel de atracción sexual o tu poder de seducción tienen algo que ver, o lo han tenido, con el amor.

Cuando hemos realizado progresos significativos en un aspecto dado, muchas veces la vida nos enfrenta a una prueba destinada a demostrar si hemos aprendido realmente nuestra lección, una especie de examen final que debemos aprobar al final del ciclo escolar para poder acceder al nivel siguiente de nuestra educación.

Por ejemplo, cuando finalmente has roto con un hombre, si te vuelve a llamar puedes sentir la tentación de demostrarle —y demostrarte— que la relación está realmente terminada. Esta es una jugada peligrosa.

Para aprobar este examen, no se espera de ti que lo veas y sobrevivas con el corazón intacto. Lo que se espera de ti es que evites volver a verlo.

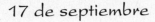

*S*i deseamos cambiar nuestras vidas, es más importante que cambiemos nuestras actitudes que nuestras circunstancias.

A menos que cambiemos nuestras actitudes, es poco probable que nuestras circunstancias realmente vayan a cambiar.

Exceptuando el abuso físico y/o la humillación emocional, la relación afectiva violenta, en toda su intensidad, se adapta perfectamente a la idea que la cultura tiene acerca del «verdadero amor».

A ninguna mujer que vive una relación sana y estable se la galantea con la intensidad que una abusador dedica a su pareja durante las fases del cortejo o luna de miel del síndrome de la violencia.

Una de las características típicas de la mujer golpeada es que, durante la fase de la luna de miel que viene después de un abuso, se siente fuerte, poderosa y en situación de controlar a su pareja.

La necesidad de controlar al golpeador es habitualmente el motivo más poderoso que tiene la víctima para continuar con esa relación.

Si eres una mujer maltratada, eres una adicta a las relaciones afectivas con una enfermedad que pone tu vida en peligro, para la que existen centros e instituciones que ofrecen programas de recuperación.

Es vital que consideremos nuestros fracasos como lecciones; más aún, como el camino hacia Dios.

Después de todo, no es aquello que hacemos bien lo que produce nuestra entrega espiritual, sino aquello que nos resulta imposible hacer.

La recuperación de amar demasiado está al alcance de quienes lo *desean*, no para quienes lo *necesitan*.

Muchas mujeres *necesitan* recuperarse de todas las grandes y pequeñas maneras que tienen de herirse a sí mismas y a los demás intentando manejar y controlar hechos y personas, practicando la negación y permitiéndose ser omnipotentes. Pero pocas de nosotras *deseamos* trabajar sobre nosotras mismas más de lo que queremos trabajar sobre los problemas de otro.

De manera que persistimos en intentar cambiar lo que no podemos, en lugar de hacerlo sobre lo que sí podemos cambiar.

Todo problema es un camino hacia Dios, preparado por tu alma para atraer tu atención.

Cuando nuestra recuperación se convierte en nuestra *prioridad*, cuando nuestra atención está puesta sobre ella, en lugar de estarlo sobre nuestra pareja, entra en acción nuestro yo más elevado, que hace por nosotras todo aquello que antes nos era imposible.

Cuando algo, o alguien, no es como nos agrada, podemos optar por permanecer ecuánimes, o permitirnos una borrachera emocional.

Mantenernos ecuánimes nos permite conservar la dignidad, aumentar la autoestima y profundizar nuestra serenidad.

Caer en el regaño, la protesta, el llanto, la súplica, el escándalo y la amenaza nos deja, como cualquier borrachera, con una fuerte resaca.

La curación se produce a través de un cambio de conciencia, un profundo cambio del corazón. La curación se produce a través del perdón que nos otorgamos a nosotras mismas, el amor hacia la vida y hacia Dios.

La curación se produce cuando resignamos nuestras creencias acerca de lo que *debería* ser, y se predispone a aceptar, y finalmente incluso apreciar lo que, simplemente, *es*.

𝒯oda enfermedad, toda herida, toda experiencia de sufrimiento puede servir finalmente como limpieza y purificación.

Aunque tal vez no logremos entender exactamente cómo se produce, si tenemos presente esta enseñanza podremos comenzar a discernir algunas de las valiosas maneras en que nos son útiles nuestras dificultades.

La enfermedad física puede servir como indicador de nuestras evasiones psicológicas. Nos alerta acerca de la existencia de cuestiones que deben ser tenidas en cuenta, y hace que ignorarlas sea lo suficientemente doloroso como para que atraiga nuestra atención.

Mediante los síntomas que manifiesta, nuestro cuerpo puede señalarnos aquello que estamos tratando de negar.

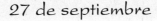

El plan completo de tu vida no puede ser visto fácilmente mientras la estás viviendo.

Confía no sólo en que *existe* un plan y que es hermoso, sino que cuanto más confías en él, más hermoso se vuelve.

Cada una de las situaciones difíciles de la vida es una prueba, y a medida que evolucionamos, lo mismo hacen las pruebas a las que somos sometidas. De situaciones que ponen a prueba nuestro coraje físico pasamos a otras que ponen a prueba nuestro coraje moral, nuestra integridad personal y nuestra capacidad para el autoconocimiento.

Ninguna de estas pruebas es fácil, pero una vez que hemos superado una de ellas, no tenemos que repetirla nunca más *en el mismo nivel*.

Cuando parece que ha reaparecido la misma prueba, significa que no hemos aprendido aún su lección, o bien la estamos aprendiendo a un nivel mucho más profundo.

Recuerda que hasta que nos sintamos mejor, vamos a sentirnos peor, y que nos metemos más adentro de nuestro problema para poder finalmente lograr su curación... signifique lo que signifique.

Todo reto generado por una situación dada es también un reto espiritual. Cuanto más grande es el reto, tanto mayor es el *potencial* de crecimiento espiritual.

Nuestras almas no nos brindan opción con respecto a las pautas de nuestras vidas. Saben qué es lo que necesitamos experimentar, y nos obligan a acercarnos a esas necesarias experiencias sin nuestro consentimiento consciente.

Pero *sí* tenemos opciones acerca de cómo enfrentarnos a esas experiencias. Así es como opera nuestro libre albedrío.

Serás capaz, tal como un alquimista luchando por extraer oro a partir de metales básicos, de buscar aquello que es precioso entre los aspectos más monótonos y poco estimulantes de tu vida?

Si eso es así, *habrás de encontrarlo* allí, aguardando tu descubrimiento consciente.

Muchas, muchas mujeres que aman demasiado descubren que su obsesión con otra persona representa el noventa por ciento, o más, del total de sus pensamientos, sus sentimientos y su conducta, y de su consumo diario de energía. Sólo les queda el diez por ciento de su energía para lidiar con *todos los aspectos restantes* de la vida.

Cuando nos encontramos sumidas en la dificultad y la desesperación, podemos desear con fervor vivir una situación más feliz y prometedora que la actual.

Sin embargo, para nuestro desarrollo espiritual, nuestros antagonistas y aflicciones son retos necesarios para probarnos nosotras mismas, y así madurar hasta el límite que nos es posible.

Algunos padres proveen amor, seguridad, comprensión y apoyo, en tanto hay otros que ofrecen otros aspectos y condiciones, mucho menos bienvenidos y agradables. Incluso estos pueden ser vistos como dones. Quizás, en tu familia de origen...

una madre fría e indiferente te obligó a abandonar tu situación de necesaria dependencia para obligarte a arreglarte por tus propios medios, o...

un padre crítico y desaprobatorio te obligó, al esforzarte para obtener su aprobación, a enfrentarte a desafíos a los que, de otra manera, no te habrías enfrentado, hasta que un día descubres las cosas increíbles que has realizado; o bien...

una madre o un padre sutilmente crueles afilaron tu sensibilidad, y aprendiste cuán fácilmente puede herir una palabra, un gesto o una mirada, por lo que ahora eres mucho más compasiva a nivel consciente de lo que de otra manera habrías sido.

Si bien es posible que desees haber tenido una infancia mejor, es necesario que reconozcas que esos padres imperfectos bien pueden haberte proporcionado la presión necesaria para que hayas alcanzado la madurez, el crecimiento y la comprensión de que hoy gozas.

El desarrollo de tu espiritualidad requiere *voluntad*, no fe.

Con frecuencia, la buena voluntad trae consigo la fe.

Si no deseas la fe, es probable que no la obtengas, pero aun así con una práctica espiritual sentirás más serenidad de la que jamás hayas tenido antes.

Puede ser que creas, o no, en Dios. Si crees, y a pesar de que no sueles dirigirte a él, aun así puedes desarrollar tu espiritualidad.

Descubre qué es lo que te trae paz y serenidad, y oblígate a esa práctica al menos media hora al día. Esta disciplina puede aportarte —y lo hará— alivio y consuelo.

Si deseas terminar una relación sin un final dramático, con rapidez y con el menor dolor posible, haz lo siguiente:

Cada vez que él te venga a la mente ruega, con toda la sinceridad que te sea posible, por su bien.

Punto y aparte.

No intentes definir *en qué consiste* su bien, por ejemplo: que madure más, o agradezca todo lo buena que fuiste con él, o deje de beber, o abandone a su nueva pareja y vuelva contigo. No puedes saber cuál es su bien: sólo Dios lo sabe.

Aunque en el pasado te haya llevado varios años terminar con otras relaciones, te asombrará ver cuán rápidamente te curarás cuando adoptes esta actitud.

Cuando medimos el nivel de nuestro amor según la profundidad de nuestro tormento, estamos amando demasiado.

La mala noticia es la siguiente: no existen atajos para salir del camino de amar demasiado.

Si decides que realmente quieres cambiar, ello —al igual que todo cambio terapéutico— requerirá años de trabajo y de tu compromiso absoluto.

He aquí la buena noticia: si eliges comenzar el proceso de recuperación, *cambiarás* y dejarás de ser una mujer que ama tanto a otro que le duele, para ser una mujer que se ama a sí misma lo suficiente como para dejar de sufrir.

*S*i estás ansiosa por tomar el teléfono para llamar a ese hombre imposible, te enfrentas a la misma lucha del alcohólico que está ansioso por tomar esa copa.

Dentro de cada persona existe la poderosa necesidad de darle un final feliz incluso a la más desastrosa de las alianzas emocionales. En una mujer que ama demasiado, esta necesidad puede llegar a ser peligrosa, e incluso representar una amenaza para su propia vida.

Al ser mujeres que amamos demasiado, nos gusta creer que podemos lograr una profunda intimidad, aunque nuestras parejas no sean capaces de ello. Sin embargo, todos tendemos a elegir como parejas a aquellos capaces del mismo nivel de intimidad que nosotros.

Si nuestras parejas no pueden soportar la intimidad, probablemente estemos junto a ellas porque nosotras tampoco podemos. Dado que la intimidad puede sentirse como algo amenazante, para nosotras es más fácil continuar añorándola antes que vivirla plenamente.

Paradójicamente, cuando dejamos de catalogar a nuestra pareja como «el problema», se vuelve posible para nosotros un mayor grado de intimidad.

Nuestro trabajo siempre se refiere a nosotras mismas, a cambiar nuestros propios corazones.

Cuando lees un libro de autoayuda y subrayas todos los pasajes que crees que lo ayudarán a *él*, estás amando demasiado.

Muchas veces, incluso mucho después de habernos separado de alguien, sentimos el deseo de saber cosas sobre él: qué está haciendo, con quién sale (si sale con alguien), etcétera.

Es una ley espiritual que lo que tenemos que saber nos será revelado, *sin ningún esfuerzo de nuestra parte*. Tenemos que tener la sabiduría de confiar y a su tiempo sabremos lo que nos será dado saber.

Cualquier otra actitud no hace más que forzar la cuestión, lo cual forma parte de nuestra enfermedad.

$\mathcal{E}$s nuestra aceptación del otro *tal como es* lo que le permite a él cambiar, *si así lo decide*.

La mayoría de nosotras poseemos mucha más capacidad de ser felices y de sentirnos plenas como individuos de lo que creemos. A menudo, no buscamos esa felicidad porque creemos que el comportamiento de *otro* es lo que nos impide acceder a ella.

Mientras nos dedicamos a tramar, maniobrar y manipular a otro para cambiarlo, ignoramos nuestra obligación de desarrollarnos nosotras mismas, y nos sentimos enfadadas, desalentadas y deprimidas cuando fracasan nuestros esfuerzos.

Tratar de cambiar a otra persona es frustrante y deprimente, pero ejercer nuestra capacidad para efectuar cambios en nuestras vidas es sumamente estimulante.

Una mujer que utiliza su relación como si fuera una droga será mucho más negadora con respecto a ella que un individuo dependiente de sustancias químicas, y tendrá mucho más miedo y resistencia a abandonar su pensamiento obsesivo y su manera —de alto voltaje emocional— de relacionarse con los hombres.

Para la mujer que ama demasiado, su enfermedad primordial es su adicción al dolor y la familiaridad que le produce una relación poco gratificante. Es verdad que todo esto se origina en conductas de toda la vida que pueden tener sus raíces en la infancia, pero ante todo *debe enfrentarse* a sus conductas del presente para poder comenzar con su recuperación.

No importa cuán enferma, cruel o indiferente sea su pareja; debe comprender que todo intento por cambiarlo, controlarlo o culparlo es una manifestación de su enfermedad, y que debe abandonar esas conductas como condición para que mejoren otros aspectos de su vida. Su única tarea legítima es consigo misma.

Una vez que han terminado todas las estratagemas, las discusiones, las amenazas, las peleas y argucias, tal vez descubras que queda muy poco que decir. Esto se debe a que durante todo el tiempo que duró la relación, estuviste junto al hombre que pensabas que podía, debía y llegaría a *ser* —con tu ayuda—, en lugar de estar junto al hombre que realmente *era*.

Una de las consecuencias de dejar de intentar manejar y controlar a los demás es que debes renunciar a ser «la ayudadora». Pero, paradójicamente, el propio acto de cortar con esas viejas conductas es la mayor ayuda que puedes ofrecer a quien amas. El papel de «la ayudadora» es una trampa narcisista. Si de veras quieres ayudar, déjale a él sus problemas y ayúdate a ti misma.

Si te encuentras dentro de un círculo vicioso formado por acusaciones, refutaciones, culpa y contraculpa, detente.

Deja ya de intentar que esa situación se modifique hasta ser como tú quieres que sea, para lo cual tratas de ser amable, o bien colérica, o bien indiferente.

Deja ya de intentar ganar.

Deja ya de necesitar pelear con él u obligarlo a darte una buena razón o excusa por su mal comportamiento o negligencia.

Deja ya de necesitar que se muestre convenientemente apenado.

La mayoría de las que amamos demasiado somos presas de la trampa de culpar a los demás por la infelicidad de nuestras vidas, mientras negamos nuestras propias culpas y nuestras decisiones.

Este es un enfoque de la vida insidiosamente seductor, que debe ser arrancado de raíz y eliminado para siempre, y la manera de hacerlo es mirarnos a nosotras mismas con dureza y honestidad.

Sólo admitiendo nuestros problemas y nuestras culpas (y nuestros éxitos y logros) como *propios*, y no como debidos a otras personas, podemos dar los pasos necesarios para cambiar lo que hay que cambiar.

Disponte a intentar por lo menos una actividad completamente nueva por semana.

Considera la vida como un banquete, y atrévete a probar distintas experiencias hasta descubrir qué es lo que te gusta.

Para cultivar en tu interior todo aquello que necesita ser desarrollado, no debes esperar hasta que él cambie para seguir adelante con tu vida.

En lugar de hacer que tus planes dependan de su cooperación, llévalos a cabo como si no tuvieras a nadie más que a ti misma como apoyo.

Piensa en cómo lo harías si no lo conocieras siquiera. Descubrirás que hay muchas maneras emocionantes de hacer que la vida funcione para ti cuando dejas de depender de él y, en lugar de eso, haces uso de todas tus otras opciones.

*C*uando no te agradan muchas de sus
características principales, de sus valores
y conductas, pero aun así los toleras,
pensando que con sólo ser lo
suficientemente atractiva y digna de
ser amada él deseará cambiar para ti,
estás amando demasiado.

Toda relación de cierta importancia tiene una vida propia independiente, con un propósito bastante oculto a nuestro conocimiento consciente.

En realidad, todas las relaciones existen por una razón muy diferente a la que creemos, como individuos o como sociedad. Su verdadero propósito *no* es hacernos felices, ni satisfacer nuestras necesidades, ni definirnos a nosotras o el lugar que ocupamos en la sociedad, ni brindarnos seguridad, sino provocar la toma de conciencia y el crecimiento personal.

Tomar conciencia es incómodo, y crecer es doloroso. No hay que asombrarse de que se le pida a una relación afectiva que haga ese trabajo por nosotras.

*C*uando nuestras relaciones ponen en peligro nuestro bienestar emocional e incluso nuestra salud y seguridad, definitivamente significa que estamos amando demasiado.

Si alguna vez has estado obsesionada con un hombre, es posible que hayas sospechado que el origen de esa obsesión no era el amor sino el miedo.

Las que amamos obsesivamente estamos llenas de miedos: miedo a estar solas, a no ser amadas, a no merecerlo, a ser abandonadas, ignoradas o destruidas.

Ofrecemos nuestro amor con la loca esperanza de que el hombre que nos obsesiona se ocupará de nuestros miedos. En lugar de eso, los miedos —y las obsesiones— se hacen más profundos hasta que dar amor para recibirlo se convierte en un impulso incontrolable de nuestras vidas. Y como nuestra estrategia no funciona, lo intentamos, y amamos, con más ahínco aún.

Amamos demasiado.

La recuperación no es una puerta que se
cierra sobre una vieja manera de vivir, sino
una que se debe abrir diariamente hacia
una más plena experiencia de vida.

Algunos hombres son tan adictos a las relaciones afectivas como podría serlo cualquier mujer, y sus sentimientos y acciones provienen de la misma clase de experiencias y mecanismos de la infancia.

Sin embargo, muchos hombres que fueron lastimados en su infancia intentan protegerse y evitar el dolor por medio de actividades más externas que internas, más impersonales que personales.

Los hombres tienden a dirigir su obsesión hacia su trabajo, los deportes o los pasatiempos. En lugar de ello, las mujeres tienden a concentrar intensamente su obsesión en una relación... tal vez justamente con un hombre así de herido y distante.

$\mathcal{T}$ odos tratamos de negar lo que nos resulta demasiado doloroso y amenazador.

Una de las ironías de la vida consiste en que las mujeres podemos responder con enorme solidaridad y comprensión al dolor en la vida del otro, en tanto permanecemos ciegas ante (y a causa de) el dolor en la nuestra.

Aparta tu atención afectiva de la obsesión con un hombre y dirígela hacia tu propia recuperación y tu propia vida.

Amar demasiado es una pauta de conducta aprendida tempranamente y practicada de manera constante. Abandonarla va a causarte miedo, vas a sentirte amenazada y lo vivirás como un constante desafío.

Nuestros cuerpos *no pueden mentir*. Por lo tanto, son indicadores importantes de lo que *realmente* sentimos. Sin embargo, algunas de nosotras nos hemos sentido a disgusto durante tanto tiempo que ya ni siquiera sabemos —por lo menos, hasta no haber avanzado un trecho en el camino de la recuperación— lo que es vivir sin nudos en el estómago.

Una vez que hemos comenzado la recuperación y podemos percibir la diferencia, es menos probable que repitamos las conductas que nos hacen sentir mal.

Amar demasiado no significa amar a muchos hombres, ni enamorarse con frecuencia, ni sentir un profundo y genuino amor por otra persona. Significa, en verdad, obsesionarte con un hombre y llamar amor a esa obsesión.

Lo que todas las relaciones enfermizas tienen en común es la incapacidad de sus integrantes de discutir los problemas *de fondo*. Pueden existir otros problemas que *sí* son discutidos, a menudo hasta el cansancio, pero que no hacen más que ocultar los secretos subyacentes que convierten en enfermiza a la relación.

Lo que define cuán enfermiza se ha vuelto esa relación y cuán severamente dañados están sus integrantes es el grado de ocultamiento, entendido como la incapacidad para hablar de los problemas, más que la gravedad de los mismos.

El hecho de que los hombres que más nos atraen sean aquellos que más ayuda parecen necesitar se explica si comprendemos que el origen de la atracción es nuestro propio deseo de ser amadas y ayudadas.

*S*i alguno de los esfuerzos que realizas en su beneficio incluyen algunas de las siguientes características:

- comprarle ropa para levantar su autoestima;

- buscarle un terapeuta y rogarle que vaya;

- financiarle costosos pasatiempos para ayudarle a utilizar mejor su tiempo;

- trasladarte a través de distintos lugares geográficos, por más incómodos que sean, con la excusa de que «aquí él no es feliz»;

- darle la mitad de tus posesiones y propiedades para que no se sienta inferior a ti;

- proporcionarle un lugar donde vivir para que se sienta seguro;

- permitirle que abuse emocionalmente de ti porque «nunca antes se le permitió expresar sus sentimientos», o

- buscarle un empleo,

definitivamente estás amando demasiado.

Si entabláramos relación con hombres
que fueran todo lo que deseáramos, ¿para
qué nos necesitarían? Todo ese talento
(e impulso irrefrenable) para ayudar a los
otros quedaría sin destinatario. La parte
principal de nuestra personalidad quedaría
desempleada.

De manera que elegimos a aquellos
que no son todo lo que deseamos... y
continuamos soñando.

Ten la seguridad de que las relaciones afectivas enfermizas cumplen para ti la misma función que las drogas duras. Sus altibajos nos distraen de nuestras verdaderas vidas y sentimientos.

Sin tener a mano a hombres como esos en quienes centrar la atención, entramos en abstinencia, que frecuentemente muestra los mismos síntomas que acompañan la abstinencia de las drogas: náuseas, sudoración, escalofríos, estremecimientos, caminar compulsivo e ininterrumpido, pensamientos obsesivos, depresión, imposibilidad de dormir, ataques de pánico y ansiedad.

En un esfuerzo para aliviar estos síntomas, volvemos a nuestros anteriores esquemas de conducta, o buscamos otros nuevos con desesperación.

$\mathcal{T}$odas las mujeres que aman demasiado llevan consigo una acumulación de experiencias que podrían llegar a conducirlas al abuso de sustancias que alteran la mente, con el propósito de escapar de sus propios sentimientos. Pero hay que saber que los hijos de padres drogodependientes también tienden a heredar la predisposición al consumo de sustancias tóxicas.

Antes de encarar la recuperación de la adicción a una relación afectiva es preciso encarar la recuperación de la adicción a una sustancia química, porque el consumo de una sustancia alucinógena hace que la abstención de otras conductas adictivas, incluida la de amar demasiado, sea imposible.

Cuando disculpas sus malos humores, su mal carácter, su indiferencia y sus agresiones atribuyéndolos a su infancia infeliz, y tratas de convertirte en su terapeuta, estás amando demasiado.

El hombre inestable nos parece excitante; el poco fiable, un desafío; el impredecible, romántico; el inmaduro, encantador; y el malhumorado, misterioso.

El hombre colérico necesita nuestra comprensión.

El infeliz, nuestro consuelo.

El inadaptado precisa nuestro estímulo, y el hombre frío, nuestra calidez.

Pero no podemos «arreglar» a ningún hombre que esté bien tal cual es.

Todos tenemos fuertes reacciones emocionales ante palabras como *alcoholismo*, *incesto* o *adicción*, y muchas veces no podemos mirar con realismo nuestras propias vidas porque tememos encontrar en ellas, o en las de los que amamos, hechos que pueden ser catalogados bajo esos rótulos.

Desdichadamente, nuestra incapacidad para utilizar las palabras correctas cuando corresponde a menudo nos impide recibir la ayuda apropiada.

La omnipotencia implica creer que sólo tú posees todas las respuestas. Abandonarla implica la decisión de detenerte, abrirte a los demás y a la posibilidad de ser guiada.

Cuando amamos demasiado, cada encuentro sexual significa un esfuerzo por cambiar a ese hombre. Con cada beso y cada caricia nos esmeramos por comunicarle cuán especial y valioso es, cuánto lo admiramos y amamos.

Estamos seguras de que una vez que esté convencido de nuestro amor, se metamorfoseará hasta llegar a su verdadero yo, transformándose en la viva imagen de lo que siempre quisimos y necesitamos que fuera.

En el fondo de todos nuestros esfuerzos por cambiar al otro yace un motivo básicamente egoísta, una convicción de que a través de su cambio seremos felices.

No hay nada de malo en querer ser feliz, pero situar la fuente de esa felicidad fuera de nosotras mismas, en manos de otro, significa negar nuestra capacidad para cambiar y mejorar nuestras propias vidas, y negarnos a asumir la responsabilidad de hacerlo.

Todo lo que manifestamos en nuestras vidas es un reflejo de lo que está profundamente metido dentro de nosotras: nuestras ideas acerca de nuestro valor, nuestro derecho a la felicidad, a lo que merecemos de la vida. Cuando cambian esas ideas, nosotras también cambiamos.

Asume lo que la realidad es y permítele ser así, sin querer cambiarla. En ella se oculta la felicidad que no proviene de la manipulación de hechos o personas, sino del desarrollo de nuestra paz interior, aun ante los desafíos y dificultades.

$\mathcal{E}$n la vida *no* existen los errores sino las lecciones, de manera que acéptalo y permítete aprender lo que quiere enseñarte la vida.

Cuando dejas de poner la culpa en los demás y asumes la responsabilidad de tus propias acciones, te vuelves libre para encarar toda clase de alternativas que te eran inaccesibles cuando te considerabas víctima de los otros.

Esto te prepara para comenzar a cambiar aquellas cosas que no son buenas para ti, o ya no te satisfacen ni te colman... para dejar atrás todo lo pasado y encarar nuevos caminos y proyectos.

Es frecuente que las personas con adicciones tiendan a formar pareja con otros semejantes a ellas. Luego, cada uno intenta controlar el problema del otro.

Haz cada día dos cosas que te cueste hacer, para ejercitarte y ampliar tu concepto acerca de quién eres tú y qué eres capaz de hacer.

*E*n sus estadios iniciales, tanto el alcoholismo como el amar demasiado son disturbios sutiles. Para cuando ya es obvio que algo muy destructivo está en marcha, la tentación es atender sus manifestaciones físicas —el hígado o el páncreas del alcohólico, los nervios o la alta tensión arterial de la mujer adicta—, sin evaluar con exactitud el cuadro completo.

Es vital visualizar estos «síntomas» en el contexto global de las enfermedades que los han generado, y reconocer la existencia de éstas lo antes posible para poder detener la destrucción de la salud física y emocional.

Aprende a hacerte concesiones. Date tiempo, dedícate atención. Es preciso que aprendamos que nosotras mismas podemos ser la fuente de cosas positivas en nuestras vidas.

Si te rebelas ante la idea de gastar tiempo y dinero en tu propia recuperación porque te parece un desperdicio, piensa en todo el tiempo y el dinero que has gastado en tratar de eliminar el dolor producido por una relación desdichada, o por el intento de acabar con ella. Es probable que la lista de formas de gastar tiempo y dinero a causa de amar demasiado sea lo suficientemente larga como para hacerte sentir incómoda si la estudias con sinceridad: beber, consumir drogas, comer demasiado, utilizar distintos métodos de evasión, tener que reemplazar objetos (tantos tuyos como de él) destruidos en algún estallido de furia, perder empleos, gastar montones de dinero en costosas llamadas telefónicas para hablar con él o con alguien que esperas que te comprenda, comprarle regalos para reconciliarte con él, comprártelos para ti misma para gratificarte y olvidar, pasar días y noches enteros llorando por causa de él, descuidar tu salud hasta el extremo de enfermar seriamente... Tu recuperación requiere que te decidas a invertir en ella al menos el mismo tiempo, dedicación y esfuerzo. Y, como toda inversión, te garantiza recibir gratificantes dividendos.

Logramos afirmar nuestro yo mediante lo que hacemos por nosotras mismas y la forma en que desarrollamos nuestras capacidades.

Si todos tus esfuerzos han estado destinados a contribuir al desarrollo de otros, estás condenada a sentirte vacía.

Comienza ahora mismo a alimentar y desarrollar tus propias capacidades.

El desarrollo de tu espiritualidad significa, básicamente, *abandonar la omnipotencia* y la determinación de hacer que las cosas sucedan como tú crees que deben suceder.

En lugar de ello, debes aceptar el hecho de que es posible que no sepas qué es lo mejor, en una situación dada, tanto para ti como para otra persona.

Un hombre descuidado e irresponsable puede ser un amigo encantador, pero es poco prometedor para una relación satisfactoria.

Hasta que puedas darte permiso a ti misma para ser más libre y natural, seguirás dependiendo de él para que ponga diversión y emoción en tu vida.

Para desarrollar tu espiritualidad cuentas con herramientas que te permiten sentirte bien sin que sientas la necesidad de manipular a otros para que hagan lo que tú quieras o sean como tú desees.

Nadie tiene por qué cambiar para que tú te sientas mejor. Desde el momento en que accedes al alimento espiritual, tu vida y tu felicidad dependen mucho más de tu propio control que de las acciones de los demás.

Cuanto menos necesario se torna un compañero para ti, mejor compañera eres capaz de ser, y más sana será la pareja que se sienta atraída por ti (y que te atraiga).

Los cambios que realices en tu vida requieren que quienes te rodean también efectúen cambios y, naturalmente, van a resistirse.

Pero, a menos que des crédito a su indignación, lo más probable será que esa resistencia no se prolongue demasiado.

Se trata sólo de un intento para que retornes a tu antiguo comportamiento abnegado y hagas por ellos todo lo que pueden, y deben, hacer por sí mismos.

Presta suma atención a tu voz interior para saber qué es lo mejor y más adecuado para ti, y sigue sus consejos. De esta manera, y haciendo caso a tus propias señales, desarrollarás un saludable interés por ti misma.

Hasta el momento es probable que te hayas vuelto casi vidente en adivinar las señales de los otros acerca de cómo desean que te comportes. Desecha esas señales, o continuarán sofocando las tuyas.

Apartarte —hecho vital para tu recuperación—, requiere que discrimines entre tu ego y los sentimientos de él, particularmente sus acciones y los resultados.

Es preciso que le permitas enfrentar las consecuencias de su comportamiento y que no le evites *ninguno* de los sufrimientos que de ellas deriven.

Aunque sigas preocupándote por él, no debes seguir cuidándolo. Permítele encontrar su propio camino, tal como tú estás intentando encontrar el tuyo.

Admite que tu valía es grande, que tu talento merece ser expresado, que tu realización es tan importante como la de cualquiera, y que esa realización es el mejor regalo que puedes darle al mundo en general y, particularmente, a quienes más cerca están de ti.

Cuando realmente estás dispuesta a dejar de manejar y controlar al hombre de tu vida, también debes dejar de alabarlo y de estimularlo. ¿Por qué? Porque lo más probable es que hayas utilizado los elogios y el estímulo para intentar que hiciera lo que tú querías y, por lo tanto, figuren entre los elementos utilizados para manipularlo. Halagos y estímulos se convierten en presiones, y cuando los usas intentas nuevamente controlar su vida. Piensa por qué elogias algo que ha hecho: ¿es para ayudarle a levantar su autoestima? Eso es manipulación. ¿Es para que continúe con la conducta que estás elogiando? Eso es manipulación. ¿Es para que sepa cuán orgullosa estás de él? Esa carga puede ser muy pesada para él. Permítele sentirse orgulloso de sus propios logros. De otra manera, te acercas peligrosamente a cumplir para él la función maternal.

Él no necesita otra madre (no importa cuán mala haya sido la verdadera) y mucho menos necesitas tú que él sea tu hijo.

A medida que te vuelves más apta para enriquecerte a ti misma, puedes descubrir que has atraído a alguien capaz de enriquecerte.

Cuanto más saludables y equilibradas nos volvemos, más sanos y equilibrados son los hombres que atraemos.

Cuanto menos demandantes nos mostremos, mejor se van a satisfacer nuestras necesidades.

Cuando abandonamos el papel de proveedoras, abrimos un espacio para que otro nos enriquezca.

La recuperación de amar demasiado atraviesa varias fases. La primera comienza cuando advertimos lo que estamos haciendo y deseamos cortar con eso. A continuación llega nuestro deseo de conseguir ayuda para nosotras mismas, que es seguido por nuestras acciones para asegurarnos esa ayuda. Después, entramos en la fase de la recuperación, que requiere nuestro compromiso con nuestra curación y el deseo de continuar con nuestro programa de recuperación. Durante este período comenzamos a cambiar nuestra forma de actuar, de pensar y de sentir. Lo que en otro tiempo nos resultó familiar y normal comienza a parecernos incómodo y enfermizo. Cuando comenzamos a hacer cosas que ya no siguen nuestros viejos esquemas sino que valorizan nuestras vidas y promueven nuestro bienestar, entramos en la etapa siguiente. A través de los diferentes estadios de la recuperación, el amor por una misma crece de forma lenta pero sostenida. Primero dejamos de odiarnos y luego nos volvemos más tolerantes con nosotras mismas. A continuación, aparece una incipiente apreciación de nuestras cualidades, y sobreviene entonces la autoaceptación. Finalmente, llega el genuino amor por una misma.

$\mathcal{E}$l ser muy inteligente, muy atractiva, muy seductora, muy bien educada, muy acaudalada o ser una persona de éxito no nos impide amar demasiado.

Ninguna de esas cualidades impide o excluye la adicción a una relación o, para el caso, cualquier otra clase de adicción.

A medida que nos vamos recuperando de amar demasiado, cambiamos la manera de relacionarnos con nuestros padres y con nuestros hijos.

Con nuestros padres, nos volvemos menos exigentes y menos coléricas, y a menudo también menos ingratas. Nos convertimos en personas mucho más honestas, frecuentemente más tolerantes, y a veces genuinamente más cariñosas.

Con nuestros hijos, somos menos sobreprotectoras, menos ansiosas y nos sentimos menos culpables. Nos relajamos, y disfrutamos más de ellos porque somos capaces de relajarnos y disfrutar de nosotras mismas.

Al sentir mayor libertad para seguir nuestros intereses y necesidades, nuestros familiares quedan en libertad para hacer lo mismo.

Cuando ya no amamos demasiado, aquellos amigos con quienes antes habíamos compartido nuestras quejas interminables pueden ahora parecernos obsesivos y enfermizos.

La miseria compartida, como criterio para justificar una amistad, es reemplazada por intereses mutuos más gratificantes. De manera que lo que frecuentemente ocurre es que, a medida que cambian nuestras maneras de relacionarnos con los otros, también cambia nuestro círculo de amistades.

No importa cuán abiertas, tolerantes y auténticamente afectuosas nos volvamos con la recuperación, siempre habrá gente cuyo malhumor, hostilidad y agresividad nos inhiban de mostrar todas esas cualidades en su presencia. Ser vulnerables ante ellos es ser masoquistas.

Por lo tanto, atenuar nuestros vínculos con ellos y finalmente eliminar esos lazos es importante para poder mantener los que nos unen a amigos, parientes o amantes y que se basan en la confianza, el amor, el respeto y la consideración hacia nuestra persona.

Si todo lo que hemos venido haciendo hubiera funcionado, no necesitaríamos recuperarnos.

Si comenzamos a recuperarnos no tenemos nada que perder. Hemos estado soportando alarmantes niveles de sufrimiento sin perspectiva de alivio, a menos que cambiemos. Lo que nos retiene es el miedo, miedo a lo desconocido.

No permitas que ese miedo a abandonar lo que siempre has sabido que te hace daño te impida lograr tu metamorfosis hacia un estado más saludable y superior de verdadero amor por ti misma.

La recuperación comienza cuando nos volvemos deseosas de canalizar toda la energía y el esfuerzo que antes utilizábamos en fomentar nuestra enfermedad, en llevar adelante nuestra recuperación.

Si amamos demasiado, los hombres que habitualmente nos atraen suelen tener problemas. No necesariamente se trata de indigentes o enfermos físicos. Quizá son incapaces de relacionarse bien con los demás, o son fríos y poco demostrativos, o bien son tercos y egoístas, o malhumorados y melancólicos. Tal vez son un poco incultos e irresponsables, o incapaces de asumir compromisos, o de ser leales. O quizá nos digan que jamás han sido capaces de amar a nadie.

Según nuestros propios antecedentes, responderemos a las diferentes variedades de demandas. Pero responderemos, convencidas de que esos hombres necesitan nuestra ayuda, nuestra compasión y nuestra sabiduría para mejorar sus vidas.

Cuando la mayoría de nuestras conversaciones con amigos íntimos son acerca de él, sus problemas, pensamientos y sentimientos, y casi todas nuestras frases comienzan con la palabra «él», estamos amando demasiado.

Si algo no es bueno para nosotras, es muy probable que tampoco lo sea para ninguna otra persona.

Cuando nos sentimos solas y perdidas, no anhelamos solamente compañía sino que preferimos la compañía de personas que sufren problemas semejantes. La fuente más poderosa y profunda de curación que tienes a mano son los grupos de personas dedicadas a hablar con sinceridad unas con otras acerca de un problema que comparten, y consagradas a encontrar directivas simples y principios espirituales.

Permitir a quien amamos profundamente sufrir las consecuencias naturales de su comportamiento y aprender de ellas es una elevada forma de amor.

Acepta que las recaídas, en el caso de las relaciones adictivas, son inevitables, y al principio son descorazonadoramente frecuentes. Cada día que no adoptamos ninguna conducta adictiva con relación a una relación afectiva es un don que no tiene precio y un logro espléndido.

Una vez que la autoaceptación y el amor por una misma han comenzado a desarrollarse y a hacerse carne en nosotras, estamos en condiciones de practicarlos conscientemente, sencillamente siendo nosotras mismas, sin tratar de agradar y sin actuar de determinadas maneras calculadas para ganar la aprobación y el amor de los demás.

Pero nos acomete el desconcierto y un sentimiento de gran vulnerabilidad cuando estamos *siendo* y no *haciendo*, y dejar de representar el antiguo papel se nos antoja al principio como estar paralizadas.

Finalmente, a su debido tiempo, nuestros *auténticos* impulsos amorosos tienen la oportunidad de hacerse oír, sentir y ser tenidos en cuenta.

Para comenzar en serio a recuperarte, antes debes aprender a mantenerte tranquila.

Luego, aprendes a *ser* tranquila.

Cuando sepas oír, sentir y conocer la quietud y el silencio, sabrás oír, sentir y conocer a Dios.

El humor es una de las señales más incuestionables de la recuperación.

Cuando encontramos divertidos algunos de los aspectos de nuestras vidas que solían acarrear consigo lágrimas, furia o desesperación, estamos definitivamente en el camino hacia un enfoque más sano de la vida.

Probablemente sea cierto que la auténtica recuperación requiere humor, y que el auténtico humor requiere recuperación.

*E*l hecho de que asumas la responsabilidad de ti misma y tu felicidad proporciona a tus hijos una gran libertad, ya que seguramente se han sentido culpables y responsables de tu desdicha.

Para un niño es imposible equilibrar los platillos de la balanza, o retribuir la deuda, cuando uno de sus padres ha sacrificado su vida, su felicidad y su realización en aras de su hijo o de la familia.

Ver a su progenitor hacerse cargo de su vida en su totalidad da al niño permiso para hacer otro tanto, tal como verlo sufrir le indica que la vida es mero sufrimiento.

Para recuperarte es preciso que cambies, pero tratar denodadamente de cambiar mucho con demasiada rapidez probablemente signifique que nunca cambies realmente del todo. Cuando elevas tus plegarias y pides ayuda para cambiar, ruega también para poder esperar con paciencia mientras se producen los cambios.

Los hechos que van teniendo lugar
a lo largo de la vida pueden ser o no ser
bienvenidos, pero ya sean afortunados o
desafortunados, sólo podremos discernirlo
con la perspectiva que otorga el tiempo.

Aunque todas las mujeres que lean este libro pueden tener en común la tendencia a amar demasiado, cada una de nosotras tiene su manera particular de hacerlo.

Para encontrar las pistas que te indicarán cuál es tu estilo personal, ten en cuenta los temas comunes que se expresan en tu obra de ficción favorita, tu película favorita, tu canción favorita, poema o cuento de hadas. Considerados en su conjunto es casi seguro que te suministren la comprensión necesaria para saber cómo has encarado este oficio de vivir y de amar... demasiado.

Si realmente estás en el camino de la recuperación de amar demasiado, ten presente que *tú* eres un milagro.

Notas

Notas

Notas

Notas